Wichtige Beiträge

zur

Einwanderung und Kolonisation

in Brasilien

von

Adalbert Jahn.

Berlin.
Verlag von J. Guttentag.
(D. Collin.)
1874.

Vorwort.

Schon zu lange hin und zu häufig ist in Angelegenheiten der „Einwanderung und Kolonisation Brasiliens“ gegen den gesunden Sinn und das Urtheilsvermögen des lesenden Publikums seitens der deutschen officiösen Presse gesündigt worden, als daß nicht endlich Zweifel an der Zuverlässigkeit und Wahrheit der von ihr gegebenen Berichte und Mittheilungen bei einem großen Theile desselben hätten Platz greifen und die unabhängige Presse bewegen sollen, eine richtigere Erkenntniß und Beurtheilung in jener Angelegenheit anzubahnen.

Dieses hat eine gewisse Schwierigkeit gehabt, denn bisher war — und ist bis auf den heutigen Tag noch — die Frage der Auswanderung nach Brasilien ein derartig mißliebiger Gegenstand in allen deutschen amtlichen Kreisen, daß ihre Beleuchtung, sobald sie nicht im strengsten Sinne der Regierung geführt wurde, dem betreffenden Autor nur persönliche Entgegnungen und selbst Beleidigungen seitens verblendeter Patrioten und vom Vorurtheile befangener Recensenten eintrug; ganz besonders aber hat man bisher zu wenig die nachtheiligen Folgen derjenigen Maaßnahmen und Warnungen, welche gegen die Auswanderung nach Brasilien nicht nur von der deutschen, sondern auch von mehreren andern europäischen Regierungen unter der Bezeichnung von „Humani=

tätsrücksichten" adoptirt worden sind, in Anschlag zu bringen vermocht, die nothwendigerweise den deutschen Handelsinteressen und dem Absatze der deutschen Industrieprodukte erwachsen mußten. —

Diesen Nachtheil zu beleuchten und den Irrthum aufzudecken, welchen die deutsche officiöse Presse insbesondere mit der Veröffentlichung und Verbreitung von Schriftstücken begeht, welche — wie die Neuzeit sie mehrfach behufs Unterdrückung der Auswanderung nach Brasilien lieferte — wegen der in ihnen enthaltenen Entstellung der Wahrheit und wegen Verläumdung und persönlicher Beleidigungen, kaum anders als „Schmähschriften" genannt zu werden verdienen, ist der Zweck dieses Schriftchens, das ich im Interesse der Wissenschaft und Wahrheit dem lesenden Publikum zur Kenntnißnahme übergebe.

Berlin, im Mai 1874.

A. Jahn.

Inhaltsverzeichniß.

Angesichts des Drucks, welchen die officiellen und officiösen Organe der deutschen Presse in Angelegenheiten der „Auswanderung nach Brasilien“ auf die öffentliche Meinung ausüben, muß man als erfreuliches Zeichen der Zeit und des intellektuellen Fortschritts die von der unabhängigen Presse kundgegebenen Bestrebungen zur Aufklärung über „die Zustände, die deutsche Einwanderung und Kolonisation Brasiliens“ begrüßen, denn sie werden zur Lösung dieser Frage beitragen und darthun, daß man bisher mit Unrecht über jene Auswanderung den Stab brach, da sie schon längst von wohlthätigem Einfluße auf die deutschen Handels- und Industrie-Interessen gewesen ist.

Diesen Einfluß erkennend und mißachtend, vielleicht auch einem überspannten Humanitäts- und Nationalgefühle sich hingebend, bringt die officiöse Journalistik Schriftstücke an die Oeffentlichkeit, welche die öffentliche Meinung in Deutschland vollständig irreführen müssen, augenscheinlich aber diejenigen Stimmen niederhalten sollen, welche etwa noch dem immer mehr um sich greifenden Vorurtheile gegen Brasilien entgegenarbeiten könnten! Aber dieser diplomatische Schachzug, der auch gegenwärtig, wie stets, sobald es sich um „tendenziöse Verdächtigung und Beleidigung Brasiliens“ handelte, von den Beifallsbezeugungen des „schon längst erkannten Anonymus in der preußischen Metropole“ secundirt war, konnte bei dem nachdenkenden, dem Vorurtheile und der Bosheit nicht zugänglichen Leser nur das Gegentheil bewirken und eine Gegenströmung erzeugen helfen, die sich bereits, wenn auch noch in schüchterner Weise, in der Presse zu erkennen giebt. —

Ueber die Schriftstücke selbst, die mit ihren verdammenden Schlußfolgerungen auf die Auswandererklasse und deren Urtheilsvermögen wol in ähnlicher Weise einwirken sollten, wie die bekannte päpstliche Encyklika auf die Volksmassen und deren Leichtgläubigkeit, werde ich an geeigneter Stelle eingehend berichten; für die Gegenwart ist es des besseren Verständnisses wegen, nothwendig, erst die „allgemeine Auswanderungsfrage" und dann speciell die „nach Brasilien" näher zu beleuchten.

Seit mehr als einem halben Jahrhundert befindet sich Deutschland in dem Stadium, seiner stets wachsenden Auswanderung keine wirksamen Schranken entgegenstellen zu können: und selbst gegenwärtig, nachdem das glorreiche, so oft angestrebte Werk der politischen Einigung des Vaterlands vollzogen, mit ihr so manche schätzenswerthe Einrichtung getroffen und das Loos der Arbeiterklasse so wesentlich verbessert worden ist, verringert sich seine Emigration nicht; sie nimmt im Gegentheile zu!

Dies beweist zur Genüge, daß ihr keine politischen Motive unterzulegen sind, sondern daß Umstände anderer Art auf sie einwirken.

„Diese Motive zu erforschen" und demnächst die „Mittel aufzusuchen", welche theils zur „Verhinderung" der Auswanderung, theils — wenn dies unmöglich — zu ihrer „richtigen Leitung" ins Ausland dienen dürften, ist die Aufgabe der allgemeinen Auswanderungsfrage.

In gleicher Weise, wie sie den Auswanderungsstrom nach solchen Ländern zu leiten hat, in denen er „prosperirt" und von welchen das alte Heimathland möglichst vortheilhafte Rückwirkungen zu erwarten habe, muß sie ihn auch von solchen Ländern fernzuhalten suchen, bei denen dies nicht der Fall ist.

Früher glaubte man ziemlich allgemein in Deutschland und auch wol mit einer gewissen Berechtigung, daß seine politische Zerrissenheit und nationale Zersplitterung die Haupthebel zur Auswanderung seien; heute aber, nachdem die Neuzeit mit ihren ruhmvollen Errungenschaften und socialen Verbesserungen über Deutschland gekommen ist, weiß man ganz bestimmt, daß der dem deutschen Volke eigene „Wandertrieb" die Hauptmotive zur Auswanderung bildet.

Dieser Wandertrieb beruht aber nicht etwa auf Unstätigkeit und Veränderungssinn, nicht auf Abenteuer- und Habsucht, oder auf Mangel an Vaterlandsliebe: er ist kulturtragender Art, und zwar deshalb, weil er mit einem bedeutenden Maaße von Arbeitskraft, Thätigkeit und Ausdauer verbunden ist. Mit solchen Eigenschaften vermögen die Völker der germanischen Race nicht an der Scholle zu kleben, sie wandern aus, sobald sie die Unmöglich- oder Unwahrscheinlichkeit der Vergrößerung ihres Wirkungskreises und der Verbesserung ihrer Lage im Vaterlande einsehn.

Vorzugsweise ist es der Deutsche, der seine Arbeitskraft und Energie gut verwerthet wissen will; findet er dies nicht in der Heimath, so geht er ins Ausland, woselbst ihm die Möglichkeit dazu geboten scheint.

Bei größerer Aufmerksamkeit hätte man diesen Hauptbeweggrund zum Verlassen der Heimath schon früher und zwar bei andern, dem deutschen Volke stammverwandten Nationen wahrnehmen können, wie z. B. bei den Engländern, Schweizern, Holländern u. s. w., von denen die beiden ersteren das größte Contingent zur Auswanderung stellen, gewiß aber nicht infolge ungünstiger politischer Zustände ihres Vaterlands, sondern auch in Erfüllung ihres Wandertriebs. Und dennoch ist dieser bei ihnen nicht in gleichem Maaße kulturtragend, wie bei den Deutschen, sondern die Wanderlust ist mehr angeerbte Gewohnheit, bei Manchen aber, wie bei den Irländern, oft Folge der entsetzlichsten Noth und Armuth.

Diesem Wandertriebe der germanischen Race müssen wir in Behandlung und Beurtheilung der Auswandererfrage Rechnung tragen, zugleich aber uns nicht verhehlen, daß bei einigen deutschen Volks-Klassen, wie bei dem Bauern- und Arbeiterstande, die Erlangung einer gewissen Selbstständigkeit und Unabhängigkeit sehr schwierig, ja mitunter durch örtliche Verhältnisse bedingt, — ganz unmöglich ist.

Darum wandert diese Klasse aus. Den Kaufmanns- und Handwerkerstand, von welchem auch ein Theil fortzieht und nicht wiederkehrt, kann man außer aller Berücksichtigung lassen, denn Beide bilden bei allen aus- und nichtauswandernden Völkern gleiche Ausnahmen und gedeihen fast unter allen Zonen und Himmelsstrichen, sobald ihre Elemente den Keim des Prosperirens in sich tragen, d. h. hinreichend intelligent und thätig sind.

Anders ist es aber mit dem Landmanne und dem gewöhnlichen Arbeiter. Beide sind, selbst wenn sie die besten Elemente in sich schließen, zu sehr den Chançen der socialen Verhältnisse im Vaterlande ausgesetzt, als daß sich bei ihnen der Selbstständigkeitstrieb durch die Praxis verwirklichen ließe; diesen Umstand erkennend, wandern sie aus, freilich ohne zu überlegen und zu ahnen, daß ihrer im fremden Lande auch manche Zufälligkeit, manche Schwierigkeit, erwarten und daß diese um so größer sich gestalten, je mehr sie Folgen von „klimatischen und geologischen Verhältnissen" sind. — Immerhin kann man aber, zufolge langjähriger Erfahrung der deutschen Emigration, den Grundsatz feststellen, daß sich der fleißige, ordentliche und sparsame Landmann und Arbeiter im überseeischen Lande nicht in schlechteren, in den meisten Fällen aber in besseren, unabhängigeren Umständen und Verhältnissen befindet, als im alten Vaterlande.

Wir wollen uns nicht verhehlen, wie sehr, durch sociale und örtliche Verhältnisse bedingt, unser landwirthschaftliches System an verschiedenen Uebelständen und Gebrechen leidet, denen die Regierung zwar volle Aufmerksamkeit widmet, ihnen aber ohne Mitwirkung der Bevölkerung nicht abzuhelfen vermag.

Kann sie z. B. verhindern, daß in den Dorfwirthschaften ihres Landes die Bemittelten stets die besten Aecker und Wiesen immer mehr an sich ziehen und die Aermeren, die gewöhnlich mit zahlreicher Familie gesegnet sind, auf ein kleineres Maaß von Grundbesitz und zu abhängigen Tagelöhnern hinabsinken? Ebenso wenig, wie sie dieses vermag, kann sie auch den Wunsch seitens jener zur Verbesserung ihrer Lage und zur Erlangung eines eignen

Grundstücks niederhalten: Diejenigen aber, welche ein solches in Deutschland nicht erlangen können, wandern aus, namentlich nach Nordamerika, woselbst sie bereits viele ihrer Landsleute in bessern Verhältnissen, wenn auch nur im Besitze eigener Grundstücke, wissen.

Aber auch in den geschlossenen Bauerngütern, in denen nur ein Sohn der Familie das Grundstück erbt, während die andern Kinder als abhängige Arbeiter und Dienstleute zu bleiben verurtheilt sind, falls sie nicht fortziehen, ebenso in den großen herrschaftlichen Landgütern und in den Besitzungen des aus dem Bürgerstande hervorgegangenen Gutsbesitzers giebt sich derselbe Wunsch zum Verlassen der Heimath zu erkennen.

Die Ausführung desselben und die Uebersiedlung nach Nordamerika als neuer Heimath läßt sich bei dem Bauernstande ziemlich leicht realisiren: denn der Landmann ist durch den Verkauf seines kleinen Inventars, mitunter auch eines unbedeutenden Grundstücks, leicht in der Lage, die Mittel zur Reise zu erschwingen und noch Etwas zum Ankauf von Land zurückzuhalten; und außerdem haben die Vereinigten Staaten, außer dem Rufe des Gedeihens ihrer europäischen Einwanderung, die möglich größte Erleichterung und Leichtigkeit in Bezug auf Reise- und Transportkosten vor allen andern überseeischen Ländern der Erde voraus.

Dem Arbeiterstande dagegen, der von der Hand in den Mund lebt, wird es in der Regel schon schwerer, die Mittel zu gleichem Zwecke sich zu beschaffen; aber auch er strebt nach Aenderung seiner Lage. Er zieht sich zuerst vom Lande nach den Städten hin, um theils in den Fabriken, theils an öffentlichen und Privatbauten zu arbeiten und höhern Tagelohn zu beziehn. Häufig ist für ihn der größere pekuniaire Verdienst nur ein relativer Gewinn, weil er in den Städten nicht die höhere Wohnungsmiethe, die größern Abgaben und die höhern Lebensmittelpreise, endlich nicht die Mehr-Ausgaben in Anschlag bringt, die er im Umgange mit seinen Gefährten Genüssen verschiedener Art opfert.

Bei den immer mehr sich steigernden Preisen aller Lebensbedürfnisse können die, freilich sich aufbessernden Tagelöhne und weitere, dem Brodgeber theils abgerungene, theils von ihm freiwillig geleistete pekuniaire Zuschüsse nur nothdürftig helfen, keinenfalls aber dem Arbeiter Gelegenheit zu Geldersparnissen bieten, weil nur zu leicht und zu oft Reaktionen in dem künstlich emporgeschraubten Industrie- und Spekulationswesen eintreten, welche ihn dann um so empfindlicher das Elend fühlen lassen, je mehr er sich an ein materiell besseres Leben bereits gewöhnt hat.

Zum Auswandern, das einzige Ziel, welches ihm zur Verbesserung seiner Lage noch wünschenswerth erscheint, hat er keine Mittel; bietet sich ihm aber eine Gelegenheit dazu, die ihm freie Reise ins Ausland und vielleicht noch eine augenblickliche pekuniaire Vergünstigung gewährt, so ergreift er sie mit beiden Händen, ohne danach zu fragen, ob er dadurch für sich und seine Familie Verbindlichkeiten eingehe, die er in der Zuknnft bitter zu bereuen hat.

Daß auf derartige Individuen, auf die augenblickliche Verlegenheit derselben, seitens gewissenloser aus- und inländischer Agenten gefahndet und speculirt worden ist und immer noch wird, mag Niemand läugnen; allein sicher ist es, daß nicht nur in dieser Angelegenheit arge Uebertreibungen und Entstellungen der Wahrheit seitens der Presse geliefert worden sind, sondern daß gegen Umtriebe solcher Agenten die „Concessionirung“ ihres Gewerbs das beste Mittel wäre, weil durch eine solche den Behörden die Controlle und Aufsicht ermöglicht und erleichtert würde.

Nachdem im Obigen die Motive zur Auswanderung flüchtig berührt sind, kommen wir nun zu dem zweiten Moment, mit dem die Auswandererfrage sich zu beschäftigen hat, nämlich zur:

„Auffindung der geeigneten Mittel, mit deren Hilfe die Auswanderung zu unterdrücken sei.“

Dies ist ein ungleich schwierigeres Axiom der Frage, denn gegen dasselbe giebt es nur Palliativ-, aber kein Radikal-Heilmittel; es sei denn, daß ein solches sich von selbst in dem eigenen Lande entwickelte!

In diesem Sinne spricht sich in neuerer Zeit die Presse aus, und mit großem Interesse hat wol jeder Patriot die Mittheilung darüber in einem Hefte des „Neuen Reichs" gelesen, zur Zeit als eine Gutsbesitzerpartheі die preußische Regierung zum Einschreiten gegen die Auswanderungsagenten zu veranlassen suchte. Dasselbe sagt:

„Es liegen die Mittel, welche der Staat zur Bekämpfung „der Auswanderung in Händen hat, auf dem Gebiete der socialen „und landwirthschaftlichen Gesetzgebung. Maaßregeln, welche auf „die Hebung der Industrie und der Landwirthschaft, auf die Er„leichterung der Ansiedlung und des Erwerbs von Grundbesitz ab„zielen, werden ihren Zweck nicht verfehlen. Vor allem aber wird „es dabei, wie Graf Eulenburg in seiner bekannten Rede so tref„fend hervorgehoben hat, auf die Mitwirkung derjenigen Bevöl„kerung ankommen, welche an der Nichtauswanderung Interesse „hat. Denn ehe nicht die Großgrundbesitzer selbst einsehen ge„lernt haben, daß die Lohnverhältnisse der ländlichen Arbeiter im „Vergleich zu der Stellung der andern Arbeiter und zu derjenigen, „welche zwei tüchtige Arme in Amerika sich erringen können, wahr„haft klägliche sind, und daß eine Aufbesserung dieser Verhältnisse „auf Kosten des eigenen Geldbeutels Noth thue, werden alle Ge„setze nichts helfen gegen die überhandnehmende Entvölkerung des „platten Landes. Die Auswanderungsgesetzgebung aber im engern „Sinne soll demnach von der Tendenz sich freihalten, hemmend „auf die Auswanderung einwirken zu wollen. Sie muß die That„sache, daß ausgewandert wird, einfach zur Voraussetzung nehmen, „ohne jenen mißbilligenden oder aufmunternden Seitenblick. Nach„dem der Grundsatz der Auswanderungsfreiheit im Reiche im „vollsten Umfange anerkannt ist, können die leitenden Gesichts„punkte auf diesem Gebiete für den Staat nur von doppelter „Art sein. Einmal der des Schutzes und der Fürsorge für die „Auswanderer und sodann der der Controlle, daß keiner wegziehe, „für den bestehende Verpflichtungen gegen den Staat, wie nament„lich die Militairpflicht, ein Hinderniß darbieten. Alles was eine „Gesetzgebung über die Ausführung dieser Grundsätze hinaus an„strebt, ist vom Uebel. Es ist daher auch nicht richtig, zum Zweck „der Bekämpfung der Auswanderung, das Geschäft der Unter-

„nehmer und Agenten von einer je nach dem Bedürfnisse zu er„theilenden Concession abhängig zu machen. Denn zunächst, wer „will die Bedürfnißfrage entscheiden? Und sodann unterliegt es „keinem Zweifel, daß ein etwaiges schädliches oder gesetzwidriges „Treiben dieser Agenten den Behörden viel leichter zur Kunde „kommen und viel eher der verdienten Strafe verfallen würde, „wenn das Gewerbe frei betrieben werden dürfte, als jetzt, wo „nicht concessionirte Winkelagenten, die schon als solche ihr Thun „möglichst in Dunkel zu hüllen gezwungen sind, die Unwissenheit „und Gutmüthigkeit ausbeuten."

Aus obigen Betrachtungen entnimmt man am Besten die Grundzüge, nach welchen der zweite Theil der Auswanderungsfrage zu behandeln ist und erkennt zugleich, wie wenig durch Zwangsmittel der Emigration zu steuern sein wird. Dieses Erkennen mußte denn auch zu einer großen Toleranz führen, die um so anerkennenswerther ist, je empfindlicher einzelne deutsche Landestheile von einer Massenauswanderung berührt worden sind.

Aus den statistischen Tabellen ersehen wir, welchen Umfang die Auswanderung nach Nordamerika angenommen; aus den Maaßregeln der Regierung erkennen wir, daß ihr keine Beschränkung bisher auferlegt worden ist.

Ob nun damit und mit der großen „Unduldsamkeit", bezüglich der so unbedeutsamen Auswanderung nach Brasilien seitens der deutschen Behörden, auch den Bedingungen und Grundsätzen entsprechen wird, nach welchem der zweite Theil der Emigrationsfrage behandelt werden soll? Das ist ein weiterer Gegenstand der Erörterung.

Es wurde bemerkt, daß, falls die Unterdrückung der Auswanderung unmöglich sei, die Behörden diese nach solchen Ländern zu leiten hätten, in denen sie prosperirt und von denen das Heimathland die möglich besten Rückwirkungen habe, daß sie endlich die Emigration von solchen Ländern fern zu halten suchen müßten, bei denen dies nicht der Fall ist. Wenden wir diese Bedingungen auf die beiden Länder, auf die Vereinigten Staaten von Nordamerika und auf Brasilien, an.

Die Vereinigten Staaten haben für europäische Auswanderer und insbesondere für diejenigen aus europäischen Staaten germanischer Bevölkerung, welche bei weitem den größten Theil der europäischen Auswanderung liefern, unzweifelhaft große Vorzüge vor allen andern überseeischen Ländern voraus, namentlich die größere Aehnlichkeit in Klima, Raçe, Sprache, Religion, Sitten und die größere Nähe und Anziehungskraft, welche von der bedeutenden Masse der dort schon ausgewanderten Ansiedler fortwährend auf die Bevölkerung der Heimath ausgeübt wird; darum prosperirt in ihnen die Einwanderung und ihr wird von deutscher Seite jedwede nur mögliche Erleichterung, namentlich in Bezug auf Transport, geschaffen. Die Gestattung und Concessionirung von Auswanderungsagenturen im ganzen deutschen Reiche, die Ermäßigung von Eisenbahn- und Dampfschiffspreisen für die Emigranten, die günstige Beurtheilung der nordamerikanischen Verhältnisse, welche die Majorität der deutschen Presse nicht genug anzuempfehlen weiß, ja selbst die geflissentliche Unterdrückung mancher Nachrichten über üble Lage, traurige Zustände, Uebervortheilung durch die eigenen Landsleute: das sind Prärogative, welcher sich die nordamerikanische Einwanderung zu erfreuen hat! Trotz alledem hat sich aber doch der Erfahrungssatz nicht in Abrede stellen lassen, daß die enorme deutsche Auswanderung nach den Vereinigten Staaten, die über Bremen allein im vergangenen Jahre an 63 Tausend Seelen dem Vaterlande entzog, in national-ökonomischer Beziehung auch nicht im Entferntesten denjenigen Erwartungen entsprochen hat, welche Deutschland von der Rückwirkung eines solchen Menschenbeitrags zur Bevölkerung und Kultivirung jenes Landes für sich erwarten durfte, nämlich „in Bezug auf seinen Handel und den Absatz seiner Industrieprodukte!“

Roscher und Andere beweisen mit Zahlen, daß die Zunahme der deutschen Waarenausfuhr nach den Vereinigten Staaten, mit der entsprechenden Bewegung des französischen und englischen Handels verglichen, auch nicht entferntest in Proportion mit der Zunahme der deutschen Auswanderung nach denselben steht. Darum ist sein Wort wahr: unsere Auswanderer gehen uns mit Allem, was sie haben und sind, verloren"; sie werden, indem sie schnell in der dortigen Bevölkerung aufgehen, „Kunden und Lieferanten fremder Völker, oft genug unsere Nebenbuhler und Feinde"!

Anders ist es mit Brasilien. Trotz der Geringfügigkeit der deutschen Einwanderung dorthin übt diese bereits einen großen Vortheil auf den deutschen Handel und den Absatz deutscher Industrieprodukte aus; die deutschen Niederlassungen sind Consumenten deutscher Waaren und würden es immer mehr noch werden, wenn man ihnen nicht den Nachschub von Europa aus erschwerte.

Von diesem Gesichtspunkte aus betrachtet, bringt die große Toleranz gegen die nordamerikanische Einwanderung, die Unduldsamkeit gegen die brasilianische, deutscherseits keine Vortheile. Letztere ist aber auch Denjenigen gegenüber, welche nach Brasilien auswandern wollen, eine ungerechte und inconsequente Maaßregel. Für diese giebt es keine concessionirten Agenten in Deutschland, keine Ermäßigung in den Eisenbahnpreisen: wol aber wird ihnen auf jede Weise Schwierigkeit in den Weg gelegt und gegen betrügerische Verlockungen und Vorspiegelungen können sie sich nicht schützen, denn den Behörden fehlt die Controlle der geheimen Agenten. Natürlich fragt man sich: Warum auf der einen Seite die große Toleranz, auf der andern die Unduldsamkeit und zwar in einer und derselben Angelegenheit?

Der mit den überseeischen Verhältnissen Nichtvertraute wird mit der Antwort gleich bei der Hand sein und erwiedern: „man müsse aus allgemeinen humanistischen und philanthropischen Rücksichten die Auswanderung nach Nordamerika billigen, dagegen die nach Brasilien verurtheilen, denn in ersterem Lande erwarte der Einwanderung ein glückliches, in dem letztern aber nur ein trauriges Loos!" —

Mit diesen Worten vermag man indeß heute nicht mehr die öffentliche Meinung zu täuschen, denn es ist bekannt, daß in Nordamerika ein großer Prozentsatz unserer deutschen Einwanderung, ja verhältnißmäßig ein größerer dem Elende verfällt, als in Brasilien. Daß dieses Faktum aber soviel, als möglich, seitens der deutschen officiösen Presse verschwiegen, dagegen die üble und in vielen Fällen selbstverschuldete Lage europäischer Einwanderer in Brasilien bis in die geringsten Details feindselig ausgebeutet wird, bestätigt eben nur jenen Eingangs genannten diplomatischen Schachzug, mit dem man die öffentliche Meinung zu beeinflussen, vorzugsweise aber die Aufrechterhaltung einer Maaßregel zu rechtfertigen sucht, die, wie der Circular-Erlaß des preußischen Handelsministeriums vom 3. November 1859 (nach welchem bis auf den heutigen Tag noch in Angelegenheit der Auswanderung nach Brasilien verfahren wird), wol schwerlich mehr in die Gesetzgebung des heutigen deutschen Reichs paßt.

Die Auswanderung ist direkt für Deutschland selbst in mehrfacher Hinsicht ein großes Uebel, denn durch dieselbe werden dem Lande Arbeits-, Steuer- und Vertheidigungskräfte entzogen: und in Berücksichtigung der letzteren scheinen denn auch die Hauptmaaßregeln zur zeitigen Beschränkung der Auswanderung getroffen zu sein. Da gegen die nach Nordamerika nichts zu machen, gegen dies Hauptübel nicht anzuknüpfen ist, so begnügt man sich damit, gegen ein Nebenübel, gegen die Auswanderung nach Brasilien, einzuschreiten, von der eine stetige Vermehrung vorauszusehen ist. —

In neuerer Zeit ist in der nordamerikanischen Einwanderung eine Reaktion eingetreten, durch welche möglicherweise dieselbe deutscherseits eine bedeutende Abnahme erfahren dürfte. Die „Westl. Post" von Newyork sagt darüber:

„Das ist in der That nicht nur sehr wahrscheinlich, sondern „auch wünschenswerth. Leute, die von der Hand in den Mund „zu leben gezwungen sind, sollten jetzt nicht nach Nordamerika „auswandern, denn die Vereinigten Staaten befinden sich inmitten, „möglicherweise auch erst am Anfange einer finanziellen Krise von „unheilvollster Wirkung auf Handel und Verkehr, auf Arbeit und „Verdienst. Auch die gegenwärtige Krise wird, gleich ihren Vor„gängern, vorübergehen und vielleicht gesundere Zustände, als die „zuletzt erlebten es hier waren, zurücklassen. Aber bis dahin muß

„noch viel Wasser den Missisippi hinunterfließen, und inzwischen „wird, wie leider gewöhnlich, der Stand der Handarbeiter am meisten zu leiden haben. Die Zeiten sind jetzt hier schlecht, sehr schlecht, „und die Machthaber, deren Händen das Steuer des Staatsschiffs „im gegenwärtigen Sturm anvertraut ist, sind durchaus nicht von „dem Kaliber, daß von ihrer Weisheit und Redlichkeit ein rasches „Abwenden der uns drohenden Gefahr allgemeiner Noth zu erwarten wäre. Das Volk wird sich selber helfen müssen, im „Osten wie im Westen. Es wird ernstlich daran gehn müssen, „mit der traurigen Verlassenschaft des Unionskriegs, einem vom „Monopol umstrickten Norden, und einem verarmten, desorganisirten Süden fertig zu werden, so gut es eben geht, und namentlich die ackerbautreibende Bevölkerung des fleißigen Westens wird „nicht ruhen und rasten dürfen, bis die große Transportfrage gelöst und damit der Farmerbewegung ihr gesunder, lebensfähiger „Kern gerettet ist."

„Bis das geschehen, würde der lediglich auf seiner Hände Arbeit angewiesene Ankömmling bei uns schlimm genug daran sein. „Wir erachten es daher als unsere traurige Pflicht, auch unsere „Stimme gegen das Hierherkommen ganz armer Einwanderer in „einem Augenblicke zu erheben, wo es für sie auch hier, wie überall in den Vereinigten Staaten, nicht nur keine lohnende, sondern „überhaupt keine Beschäftigung giebt. Der neu hinzukommende „Arbeitsuchende würde nur die Zahl derer schwellen, die schon jetzt „zur Gewinnung des nothdürftigsten Lebensunterhalts auf die allgemeine Mildthätigkeit und die Fürsorge der Gemeinden angewiesen sind. Armen Arbeiterfamilien können wir unter solchen „Umständen und so weit unsere Stimme über den Ocean zu „bringen vermag, nur auf das Entschiedenste abrathen, jetzt nach „Amerika zu kommen, wo sie sich ohne Zweifel für die nächste Zeit „in eine viel traurige Lage versetzt fühlen würden, als die war, „welche sie in der alten Heimath verlassen." —

Das ist offen und patriotisch gesprochen; aber ebenso wünschenswerth wäre es auch, daß die officiöse Presse, vor allem aber die Berliner Journalistik, davon genauest Kenntniß nähme und bei Behandlung der Auswandererfrage sich nicht nur allein mit der nach Brasilien beschäftigen wollte!

Warum theilt sie nicht auch alle diejenigen Uebelstände mit, welche das glückliche Loos der Einwanderer in Nordamerika beeinträchtigen; warum sagt sie nichts von dem amerikanischen Kopfgelde, welches, schaamlos genug, die Stadt Newyork für jeden daselbst landenden Einwanderer von der Rhederei des Schiffs bis auf den heutigen Tag erhebt und noch zu erhöhen gedenkt?

Warum berichtet sie nichts über die Schutzlosigkeit, welche der Emigrant in Nordamerika seitens der dortigen Regierung zu erleiden hat, und in deren Folge viele der Einwanderer wieder nach ihrer alten Heimath zurückkehren? Hat jene Regierung nicht etwa auch die Pflicht, wie sie von der brasilianischen Regierung verlangt wird, die Einwanderer vor Noth und Elend zu schützen, vorzugsweise jetzt, wo durch das Brachliegen aller Geschäfte, überhaupt der ganzen Industrie in den Vereinigten Staaten, der Einwanderung die Mittel zum Unterhalte fehlen?

Warum endlich sind die Spalten der officiösen Zeitungen nicht auch den detaillirten Schilderungen über Mißbräuche geöffnet, welche so häufig auf fremden Schiffen, und wie es z. B. auf dem englischen Dampfer „Calabria" (der Cunard-Linie) mit deutschen Passagieren der Fall war, getrieben werden?

Der Vorwurf, welchen alle Kenner der brasilianischen Verhältnisse der Berliner Presse in Bezug auf die einseitige Behandlung der Auswanderungsfrage machen, findet selbst in dem Umstande kaum eine Milderung, daß in der Gegenwart auch von Berlin aus Warnungen vor der bedenkichen Richtung erschallen, welche in neuerer Zeit der Strom der deutschen Auswanderung nach Nordamerika durch die indirekte Beförderung über belgische und englische Häfen angenommen hat; es verdient hier noch einmal hervorgehoben zu werden, daß der neuentbrannte Federkrieg gegen Brasilien nur die Durchführung einer politischen Maaßregel bezweckt, nicht aber auf „rein philanthropischen Principien" begründet ist, nach welchen die „deutsche", und in der Neuzeit auch die Presse anderer Nationen, in Betreff der brasilianischen Einwanderungsfrage zu operiren vorgeben.

Dieser Wahrnehmung gegenüber und allen Anstrengungen entgegen, welche die Presse bisher durch Verbreitung von exaltirten Schriften zur Bekämpfung der geringen Auswanderung nach Brasilien gemacht hat, muß man aber auch derjenigen achtungswerthen Bestrebungen und Mittheilungen gedenken, welche durch die unabhängige Presse in Bezug auf Vor- und Nachtheile, wie sie sich dem Emigranten in der Auswahl der überseeischen, kolonisirenden Länder darbieten, so bereitwillig gegeben werden.

Solche Bestrebungen zur richtigen Aufklärung des Publikums sind um so anerkennenswerther, je weniger ihre Verfasser mit ihnen ihren eigenen örtlichen Interessen Rechnung zu tragen vermögen, wie dies z. B. mit der „Deutschen Auswanderer-Zeitung" der Fall ist. Diese erscheint an einem Orte, in Bremen, der fast das ganze deutsche Auswanderungsgeschäft nach den Vereinigten Staaten von Nordamerika monopolisirt, in ihm große Kapitalien angelegt und das rasche Aufblühn seiner Rhederei und des Handels mit Nordamerika der deutschen Auswanderung zu verdanken hat; dennoch verabsäumt sie nicht, selbst auf die Gefahr hin, die materiellen örtlichen Interessen zu benachtheiligen, durch Abmahnen vor gegenwärtiger Auswanderung dorthin, im Interesse der Humanität und des vaterländischen Wohls zu wirken: sie macht auf diejenigen Uebelstände und Gefahren aufmerksam, welche den Einwanderer auch in Nordamerika treffen und erwarten.

Mit dieser Schlußbemerkung verlassen wir die deutsche Einwanderung in Nordamerika, erwähnen kaum derjenigen, die in untergeordnetem Maaße und sehr unregelmäßig sich nach andern, nicht amerikanischen Ländern, wie z. B. nach Australien, bewegt und gehen nun zur „südamerikanischen", speciell aber „brasilianischen Einwanderungsfrage" über.

Diese kennzeichnet sich vor allen übrigen Fragen durch die strenge Consequenz, mit der sie seit vielen Jahren seitens der Königl. Preußischen Regierung gehandhabt worden ist; und auch heute noch, nachdem in die Hände dieser die Geschicke Deutschlands gelegt worden sind und die nationale Vertretung sich der Beförderung des Landeswohls unterzogen hat, ist die „brasilianische Einwanderungs- und Kolonisationsfrage" ein „specifisch preußisches Objekt" geblieben. Die Grundzüge in ihrer Behandlung, die Maaßregeln, welche gegen die Einwanderung in Brasilien heute noch in Kraft bestehen, sie stammen aus dem Jahre 1859 und fußen auf dem Cirkular-Erlaß des Preußischen Handels-Ministeriums vom 3. November.

Dieser Circular-Erlaß verbietet allerdings nicht ausdrücklich die Auswanderung nach Brasilien, sondern untersagt nur, indem er alle an auswärtige Auswanderungsunternehmer früher ertheilte Concessionen zur Beförderung von Emigranten nach Brasilien widerruft, zugleich allen in Preußen concessionirten Auswanderungsunternehmern und deren Agenten die Beförderung von Auswanderern nach Brasilien, weil: „die Mittheilungen und Klagen über die traurige und hoffnungslose Lage der deutschen Einwanderer in Brasilien in neuerer Zeit immer zahlreicher geworden sind und sich bei näheren Ermittelungen größtentheils als gerechtfertigt erwiesen haben."

In der Wirkung kommt aber dieser Erlaß einem Verbote gleich und haben auch, wie mir von vielen Seiten versichert worden ist, preußische Landräthe und Regierungen auf Grund dieses Erlasses Auswanderungslustigen den Consens zur Auswanderung nach Brasilien verweigert, wodurch solche Leute dann zu der Lüge, nach Nordamerika gehen zu wollen, veranlaßt wurden, und nachdem sie so eine Auswanderungserlaubniß erhalten hatten, über Antwerpen nach Brasilien zogen.

Während meiner langjährigen amtlichen Thätigkeit in Brasilien, als Kolonien-Direktor und General-Inspektor habe ich die Beweise dafür oftmals in Händen gehabt und mich genöthigt gesehen, bei der dortigen Regierung gegen das ungebührliche Treiben und Verfahren von Auswanderungsagenten, namentlich derer in Frankreich und Belgien, mit dem besten Erfolge zu reklamiren.

In der gegenwärtigen Zeit, in der die Interessen des Handels und der Industrie so maaßgebend für das Wohl der Völker geworden sind, richtet auch Deutschland mit vollem Rechte seinen Blick über den Ocean, wohin es der Antheil an dem großen Welthandel ruft: und jeder Patriot erkennt dankenswerth die Bestrebungen an, welche seine Regierung zum Abschluße von vortheilhaften Handelsverträgen mit den überseeischen Regierungen, zum Schutze seines Handels durch die Vergrößerung und Vermehrung der maritimen Streitmittel, macht; ja er folgt mit dem größten vaterländischen Interesse denjenigen Bewegungen der Neuzeit, welchen die Auswanderungsgesetzgebung in einzelnen deutschen Landesvertretungen unterworfen worden ist.

Diese soll, wie aus der Graf Eulenburgschen Rede hervorgeht, sich von der Tendenz freihalten, hemmend auf die Auswanderung einwirken zu wollen und die „Auswanderungsfreiheit im Reiche im vollsten Maaße anerkennen."

Steht mit solchen Principien noch die Aufrechterhaltung einer engherzigen, vielleicht für jene Zeit (als Preußen noch isolirt stand und zur Kräftigung seines Volksheers und zur Durchführung seines zukünftigen deutschen Berufs sich jedes darauf abzielenden Mittels bedienen mußte) passenden Maaßregel, wie der oben genannte Cirkular-Erlaß vom 3. November 1859 es ist, in Einklang? Sicherlich nicht, denn weder Deutschland, noch Brasilien, stehen heute noch auf der Stufe jener Zeit!

Heute ist die Frage der Auswanderung und die darauf bezügliche Gesetzgebung keine specifisch-preußische, keine „partikularistische" mehr, sondern eine „nationale", an deren Lösung die Reichsvertretung Theil nehmen muß.

Seitdem die politische Einigung Deutschlands vollzogen ist, die Freizügigkeit und Gewerbefreiheit die Grenzen innerhalb des Reichs niedergeworfen und dies nur „eine einzige Vertretung" in jenen überseeischen Ländern hat, welche deutsche Auswanderer an sich ziehn, seitdem giebt es keine Sonder-, sondern nur National-Interessen und diese sind — da politische Verwickelungen mit jenen Staaten außerhalb aller Wahrscheinlichkeitsberechnung liegen — „national-ökonomischer Natur", d. h. sie berühren in erster Linie, und zwar in gleichem Maaße wie die landwirthschaftliche und Arbeiterfrage, den überseeischen Handel und den Absatz deutscher Industrieprodukte!

Indem wir den Handel zum Nationalgut erheben, dürfen wir freilich nicht verkennen, wie sehr er, der überseeische namentlich, doch stets ein gewisses Separatgut einzelner, durch die Natur und Verhältnisse begünstigter Orte bleiben werde, daß selbst, um dies Interesse mehr noch an sich zu ketten, z. B. Bremen und Hamburg, diese beiden Haupteinschiffungsorte deutscher Emigration, bisher es unterließen, im Interesse des allgemeinen vaterländischen Wohls die Auswanderungsfrage zur Berathung an den Reichstag zu bringen: ja dem Unbefangenen wird nicht entgangen sein, wie sehr Abgeordnete deutscher Seestädte, als sie in der Reichstagssitzung vom 10. Mai 1872 die „südbrasilianische Einwanderungsfrage" durch Karrikirung der Zustände Brasiliens von der Reichstagstribüne entfernten, dem Partikularinteresse Rechnung zu tragen verstanden und augenscheinlich sich bemühten, wenigstens für einige Zeit noch die allgemeine Auswanderungsfrage der Berathung des Reichstags zu entziehen.

Selbst Hamburg hat, trotzdem daß es auf die empfindlichste Weise in seinen Auswanderungsbeförderern und Schiffsrhedern von gewisser Seite berührt worden ist, noch nicht einmal den Versuch gemacht, die Auswanderungsfrage dem deutschen Reichstage unterzubreiten und dadurch persönliche Genugthuung zu erlangen. So sehr dies im allgemeinen Interesse zu bedauern ist, so sehr mag der Umstand für diesen Freistaat, in dessen Händen der deutsche Haupthandel mit Brasilien und die direkte Auswandererbeförderung dorthin sich befindet, zu seiner Entschuldigung dienen, daß er noch nicht erfolgreich genug gegen die, in Bezug auf Brasilien exaltirte Stimmung hat ankämpfen können.

Mit der Entwickelung des Handels geht die der Industrie Hand in Hand; und die „Erzeugnisse dieser im Auslande absetzen und möglichst gut verwerthen zu helfen", ist ebenfalls Aufgabe einer sachgemäßen Leitung der Auswanderer-Verhältnisse und eine um so wichtigere, als es in Deutschland ganze Distrikte, Provinzen und selbst Staaten giebt, deren „Existenz“ von ihrer Industrie abhängig ist.

Die Produkte dieser, die Resultate des Fleißes und oft einer höchst mühevollen Arbeit, fragen heute nicht mehr danach, ob sie der Süden oder Norden des Reichs geliefert habe: sie wollen und müssen infolge der nationalen Einigung auch als Nationalgut betrachtet und als solches im In- und Auslande abgesetzt werden. Handel und Verwerthung der Industrieprodukte treten also in den Vordergrund des politischen Lebens und bilden die Hauptfaktoren in der großen Staatshaushaltsrechnung, mit der Deutschland sich nunmehr zu beschäftigen hat und in der keine Sonderrechnungen mehr zugelassen werden dürfen!

Diesen Grundzügen und Anforderungen der Zeit entspricht jener vorhinerwähnte Cirkular-Erlaß vom Jahre 1859 ebenso wenig, wie seine praktische Durchführung: denn Brasilien ist in seinen deutschen Niederlassungen Consument deutscher Handels- und Industrieprodukte und würde es in noch großartigerem Maaßstabe sein, wenn seitens der diesseitigen Behörden nicht die Auswanderung beschränkt und die Vergrößerung seiner deutschen Kolonien dadurch unmöglich gemacht würde.

Die Deutschen in Brasilien bedürfen eines fortdauernden Nachschubs vom Vaterlande aus, nicht etwa um dort einen Staat im Staate zu bilden, wie wohl mancher im Irrthum Befangene glauben mag, sondern um mit ihm und durch ihn ihre moralische Kraft, ihre deutschen Sitten und Gebräuche aufrecht zu erhalten, denn mit diesen Eigenschaften überwindet der Deutsche überall jede Schwierigkeit und schafft sich und seiner neuen Heimath Nutzen.

Fällt aber der weitere Nachschub weg, so können sich die deutschen Niederlassungen nicht weiter in ihrer Selbstständigkeit entwickeln — die übrigens den Landeseingeborenen und ihrer Nationalität keinen Abbruch thut — und es erfolgt daraus der weitere Uebelstand, daß die Entwickelung des Handels und der Absatz der Industrieprodukte nach Brasilien stockt, ja daß der Haupthandel, der im Süden jenes Reichs sich in deutschen Händen befindet, in die anderer Nationen und zwar solcher übergeht, deren

Element entweder in größter Personenzahl vertreten ist, oder deren Kapitalien vorherrschend zur Hebung der Industrie jener Landestheile verwendet werden.

Wenn ich in Bezug auf diese Betrachtungen vorzugsweise nur einen kleinen Theil jenes großen und wenig bevölkerten Kaiserthums im Auge habe und damit die Provinz Saõ Pedro do Rio Grande do Sul und die in ihr wohnende, etwa „60 Tausend Seelen starke Bevölkerung deutschen Ursprungs" berühre, so ist eben hier die Gefahr vorhanden, daß — obschon keine andere fremde Nation ein auch nur im Entferntesten gleich großes Contingent der Bevölkerung aufzustellen vermag — der Haupthandel der Provinz dennoch in englische Hände übergehen werde und zwar infolge der großen Kapitalien, welche diese zur Hebung der Industrie in jenen Landestheilen verwenden.

Die glückliche Entwickelung der deutschen Kolonisation, welche durch die Kolonie von „Saõ Leopoldo" die erste Anregung erfahren, sich von dort über den ganzen Gürtel des ackerbaufähigen Landes ausgebreitet und ein derartiges deutsches Kulturleben hervorgerufen hat, daß man sich dort, wenn die exotische Vegetation nicht bei jedem Schritte an Südamerika erinnerte, in einer wohlhabenden Gegend Deutschlands zu befinden glaubt, mußte natürlich den deutschen Handel und den Absatz deutscher Industrieprodukte im höchsten Maaße begünstigen und Proportionen in Aussicht stellen, auf die andere Nationen mit Neid ihr Augenmerk richten.

Leider hat man dieses günstige Verhältniß in maaßgebenden Kreisen in Deutschland noch nicht hinreichend genug gewürdigt, denn sonst hätte man jene, dem deutschen Handel Nachtheil bringende Verordnung vom Jahre 1859 nicht auch gegen die Provinz Rio Grande do Sul aufrechterhalten können. —

Indem man die Deutschen in Brasilien im Stiche läßt, ihnen den Nachschub vom Vaterlande unter dem Vorwande von Humanitätsrücksichten verweigert, giebt man dem englischen Kapital die Mittel in die Hand, den Haupthandel an sich zu ziehen!

Betrachten wir die Unternehmungen der Engländer in jener Provinz, so ersehen wir, daß z. B. die Anlage der Eisenbahn von der Hauptstadt Porto Alegre nach Saõ Leopoldo, die später in das Innere der Provinz führen wird, von englischen Unternehmern und meist mit dem Gelde derselben geschieht; ebenso ist es der Fall mit der Ausbeute der großen Steinkohlen- und Mineralienlager und mit der Anlage von Telegraphenlinien, Gasanstalten und größeren Dampfschiffslinien: und wenn man rühmend anerkennen muß, wie sehr durch regen Fleiß der Deutschen in jener Provinz das Möglichste geleistet worden ist, wie Hilfs- und Rechtsschutz-Verein, gute Schulen, evangelische Kirchen, Zeitungen, Dampfschiffslinien im Innern der Provinz, Fabriken, ausgedehnte Ackerwirthschaft dem deutschen Namen Ehre machen, so ist bei alledem, sobald Deutschland sein engherziges System gegen Brasilien nicht fallen läßt, zu befürchten, daß der Handel dort in englische Hände übergeht und Deutschland seine erlangten Vortheile einbüßt.

Sollte demnach und in weiterer Berücksichtigung, daß die Provinz Rio Grande sich der besondern Aufmerksamkeit und Sorgfalt der brasil. Regierung erfreut und diese ihr bereits ein ganzes Netz von Eisenbahnlinien, ja sogar schon die Verbindung mit der Provinz Santa Catharina, bewilligt hat, durch welche der fremden Kolonisation die größten Vortheile in Aussicht gestellt, dem Handel die größten Chançen geboten werden, für Deutschland nicht der Wunsch, ja selbst die Pflicht nahe gelegt werden, das Gegengewicht gegen das englische Kapital durch Stärkung der dortigen deutschen Bevölkerung zu bewirken?

Was von der Provinz Rio Grande do Sul gilt, das findet in ähnlicher, wenn auch kleinerer Scala auf einige andere Provinzen des Reichs Anwendung: und wenn in diesen Landestheilen die deutsche Kolonisation noch lange nicht einen gleichen Entwickelungsgrad erreicht hat, so liegt Grund genug vor, auch ihnen eine größere, vor allen Dingen wohlwollende Aufmerksamkeit zu schenken, als die bisherige; denn daß jene Landestheile bereits von großer Wichtigkeit geworden sind, beweist der Umstand, daß andere

Nationen, und ob sie auch noch so viel über Brasilien schreien, sie bereits auszubeuten versuchen!

Es ist nicht in Abrede zu stellen, daß die Nachbarschaft mit den republikanischen Staaten spanischer Bevölkerung und die Kriege, die zwischen ihnen und Brasilien geführt wurden und stets die Provinz Saõ Pedro berührten, wol am meisten dazu beigetragen haben, daß in ihr eine schnelle Abnahme der Sklavenbevölkerung stattfand und daß sich in ihr zuerst das Bedürfniß nach freien Arbeitskräften fühlbar machte; aber die Initiative zur Besorgung derselben wurde seitens der Kaiserlichen Regierung gegeben und zwar durch Sendung von deutschen Ackerbauern im Jahre 1824.

Durch weitern Nachschub von Deutschland aus nahm die Kolonisation hier guten Fortgang; weniger war dies aber in andern Provinzen der Fall, in denen man auch einige Versuche machte. — In ihnen war das Bedürfniß nach freier Arbeitskraft noch nicht fühlbar genug, weil sie über verhältnißmäßig größere Sklavenbestände zu disponiren hatten und also ruhiger die Zukunft mit ihrer Kalamität, d. i. Mangel an Arbeitskräften, abwarten konnten. —

Aber diese Kalamität ist lange an sie herangetreten und hat, wie wir in der Folge sehen werden, bisher noch keinen Abschluß finden können; was aber die Provinz Saõ Pedro do Rio Grande do Sul betrifft, so ist sie der Kern und die Basis für die Kolonisation Brasiliens: die Provinz wird das für das Reich sein, was Saõ Leopoldo für jene gewesen!

Die Zukunft Brasiliens liegt in seiner freien Einwanderung und in der Parcellirung des großen Grundbesitzes!

Diese Ansicht und Zuversicht hat sich die Regierung des Landes zu eigen gemacht; dieselbe giebt sich deutlich darin zu erkennen, daß bereits die Concessionen zu den großen Eisenbahnlinien, welche jene Provinz durchschneiden und sie demnächst mit der von Santa Chatharina verbinden sollen, ausgefertigt worden sind. Durch eine solche Verbindung wird der südbrasilianischen Kolonisation ein um so größeres Feld eröffnet, als — nach den längst bestehenden gesetzlichen Bestimmungen — die, zu beiden Seiten der Straßen liegenden Ländereien zu Kolonialanlagen benutzt werden sollen.

Aber auch in der ganzen Bevölkerung des Landes hat jene Ansicht bereits Bahn gebrochen, und wenn sie auch noch keine allgemeine praktische Durchführung erleben konnte, so liegt das in der Natur der Verhältnisse und in der Unmöglichkeit, mit einem Schlage das gesammte Staatswirthschafts-System über den Haufen zu werfen, ohne dem Lande den Todesstoß zu geben. — Daß dieser Uebergang nicht auf einmal geschehen kann, daß er einen Kampf des geschlossenen großen Grundbesitzes der mittleren und nördlichen Provinzen des Reichs gegen den immer zahlreicher werdenden, auf völlig freier Arbeit und Unabhängigkeit beruhenden, kleinen Grundbesitz des Südens hervorrufen mußte und ihn bis zum Augenblicke noch nicht vollständig ausringen ließ, ist leicht erklärlich: allein eben so gewiß ist es, daß der Sieg dem Süden zufallen werde.

Es scheint mir hier am Platze, der allgemeinen Grundzüge der brasilianischen Kolonisation zu erwähnen, wie sie allmälig aus dem Bedürfnisse der Zeit hervorgegangen sind und bis auf den heutigen Tag sich entwickelt haben.

Um meiner Schrift nicht zu große Ausdehnung zu geben, setze ich die Geschichte Brasiliens als bekannt voraus und entnehme aus dieser nur so viel, als eben zur Erläuterung des Themas nothwendig ist.

Ich erinnere daran, daß die Entdeckung Südamerikas, und mit ihr Brasiliens, zu Anfang des 16. Jahrhunderts fast gleichzeitig durch die Spanier und Portugiesen geschah, daß diese beiden Völker als Grenzen der entdeckten und von den respektiven Kronen in Besitz genommenen Länder Linien anerkannten, die ihnen durch Ausspruch des Papstes zuerkannt wurden. Diese unsicheren Grenzen konnten im Laufe der Zeit nicht innegehalten werden und veranlaßten fortdauernde Kriege zwischen diesen beiden Nationen, die, von den entsprechenden Kabineten in Europa geleitet, erst in dem ersten Viertel des gegenwärtigen Jahrhunderts völlig erledigt wurden, nachdem die südamerikanischen Kolonien bereits sich von ihrem europäischen Mutterlande getrennt hatten.

Während die unternehmenden, kühnen Spanier ihre Besitzungen nicht allein über den größten Theil von Süd-, sondern auch von Mittel- und Nord-Amerika ausdehnten, solche durch blutige Tyrannei gegen die Eingeborenen ausbeuteten und ihrem Durst nach Gold und andern kostbaren Mineralien im vollsten Maaße Rechnung trugen, widmeten sich die arbeitsamen Portugiesen vorzugsweise dem Ackerbau und vertheidigten ihren großen zusammenhängenden Landkomplex gegen die Angriffe der Spanier und anderer europäischer Nationen, wie Franzosen, Engländer und Holländer, mit ziemlich anhaltendem Glücke. Während die Spanier mit Hilfe der Missionäre die Eingeborenen an sich fesselten, oder vielmehr sich unterthänig machten und durch den Jesuitenorden eine furchtbare Macht entwickelten, zogen die Portugiesen, denen man freilich auch einige Civilisationsversuche der eingeborenen Wilden mit Hilfe von Missionären nicht abzusprechen vermag, es vor, die Indianer zu bekriegen und von sich fern zu halten, ihre Arbeitskräfte zum Ackerbau aber von der afrikanischen Küste zu beziehen.

An diesem Uebel, dessen sich die Vorfahren der Brasilianer schuldig machten und mit dem sie ihrer Generation das schlimmste Element einimpften, leidet das brasilianische Volk noch heute; aber nicht zu läugnen ist es, daß aus diesem höchst beklagenswerthen Umstande, in Verbindung freilich mit dem Arbeitssinne, dem ausdauernden Fleiße, durch welchen die Portugiesen sich vortheilhaft vor ihren Nachbarn, den Spaniern, auszeichneten, für Brasilien wenigstens der Vortheil des „Zusammenhaltens des ungeheuren Landes" ermöglicht und seine spätere „Unabhängigkeitserklärung von der Krone Portugal" erleichtert wurde.

Brasilien hat allein unter allen Staaten der „Neuen Welt" den Uebergang aus dem Zustande der Kolonie zur Unabhängigkeit ohne große Kämpfe gegen das Mutterland und ohne die verderblichen innern politischen Erschütterungen, welche im den spanisch-amerikanischen Republiken noch gegenwärtig niht überwunden sind, vollziehen können. Seine (1822) vollzogeme Unabhängigkeit verdankt es aber den Bewegungen, die von dem Erben der französischen Revolution durch den Umsturz der Throne auf der pyrenäischen Halbinsel hervorgerufen waren und die den Prinz-Regenten Johann VI. zur Flucht nach Brasilien veranlaßt hatten.

Die Uebersiedlung des portugiesischen Regentenhauses (1808) nach Brasilien war von einer außerordentlichen Bedeutung, denn Brasilien wurde dadurch aus einer unter der strengsten Bevormundung gehaltenen Kolonie auf einmal zu einem gleichberechtigten, integrirenden Theile des portugiesischen Staats erhoben. Durch Dekret des Königs Johann VI. wurden die brasiliamischen Häfen dem direkten Handel aller fremden, befreundeten Nationen eröffnet und dadurch war gewissermaaßen schon die Unabhängigkeit von Portugal proklamirt. Den freisinnigen Ideen des, um die Wohlfahrt Brasiliens besorgten, Regenten verdankt das Land die ersten Anfänge seiner freien Kolonisation und damit gewissermaaßen die erste Anregung zur Sklavenemancipation. Infolge seines Rufs kamen freie Ackerbauer aus Portugal nach der Provinz Espirito Santo, die sich bereits 1812 daselbst ansiedelten, das Dorf „Vianna" gründeten und vielleicht eine größere portugiesische Einwanderung hätten bewirken können, wenn nicht die politischen Zustände damals in Europa sich immer mehr verwickelt gehabt hätten. —

Nach der Rückkehr des Königs Johann VI. nach Portugal (April 1821), der als der Begründer des monarchischen Princips in Brasilien zu betrachten ist, und dieses 1815 bereits zum Königreiche erhoben hatte, nach der Niederkämpfung der republikanischen Erhebungen in Pernambuko (1817), Para und Bahia (1821), endlich nach der Erhebung Brasiliens zum Kaiserreiche, durch seinen Sohn den Kaiser Dom Pedro I. (12. October 1822) und dessen Eid auf die constitutionelle Verfassung Brasiliens (25. März 1824), mußten natürlich auch freisinnigere Ideen und Ansichten in Bezug auf die

„Sklavenemancipationsfrage“ bei der ganzen Bevölkerung des Landes eintreten.

Früher — und leider bis auf die neueste Zeit noch — beruhte die volkswirthschaftliche Arbeit in Brasilien vorzugsweise auf Sklavenarbeit, deren Beschaffung durch den Negerhandel von der afrikanischen Küste und durch die Geburten von Sklavenkindern im Lande ermöglicht wurde. Wenngleich die brasilianische Regierung bereits im Jahre 1826 der britischen Konvention zur Unterdrückung des Sklavenhandels beigetreten war, so würde — trotz der starken Pression Englands auf Brasilien — dennoch länger als bis zu Anfang der fünfziger Jahre ein heimlicher Sklavenhandel nach Afrika betrieben worden sein, wenn nicht die brasilianische Regierung und namentlich der freisinnige gegenwärtige Kaiser Dom Pedro II. im Jahre 1851 sich auf das Bestimmteste gegen denselben ausgesprochen und gegen ihn strenge Maaßregeln getroffen hätte. — Allein, trotz dieser humanistischen Bestrebungen und ihrer praktischen Durchführung seitens des Landes, wurde dennoch die Aberdeen-Akte vom Jahre 1845, durch welche das englische Parlament die Regierung ermächtigte, auch ohne Vereinbarung mit Brasilien Sklavenschiffe in den brasilianischen Gewässern wegzunehmen, noch bis zum Jahre 1869 seitens Englands aufrecht erhalten, und als sie fiel, machte sie nur einer, für Brasilien fast ebenso drückenden Maaßregel, der Clarendon-Bil, Platz, durch welche die brasilianische Regierung Verzicht auf alle Ansprüche leisten mußte, die ihr durch die Aberdeen-Akte erwachsen waren.

Mit der Unterdrückung des Sklavenhandels mußte um so mehr eine folgenschwere Veränderung in dem volkswirthschaftlichen Systeme des Landes eintreten, als die Sklaven in Brasilien durch den Ueberschuß an Todesfällen über die Geburten sich immer mehr verringerten und in vollständigem Gegensatze zu den Resultaten sich befanden, welche die Sklavenzüchterei in Nordamerika (Virginien, Maryland ꝛc.) in hohem Maaße lieferte.

Es hätte also unmittelbar nach dem Beschlnße zur Unterdrückung der Sklaveneinfuhr schon im Interesse der Bevölkerung mit aller Energie auch von Seiten des Staats auf einen Ersatz für jenen Ausfall hingearbeitet werden sollen; es ist jedoch die Nothwendigkeit dazu erst sehr spät allgemein in Brasilien anerkannt worden. Erst das immer mehr wachsende Bedürfniß rief zunächst bei den am meisten Betheiligten, den großen Grundbesitzern, eine größere Thätigkeit zur Herbeiführung freier Arbeiter hervor; in welcher Weise dies geschah und welche Irrthümer dabei begangen wurden, ist an geeigneter Stelle, hier aber der Anfang der freien Kolonisation durch Europäer bemerkt, wie er durch den König Johann VI. von Portugal bewirkt wurde.

Ich erwähnte bereits der Ansiedlung der Portugiesen in der Provinz Espirito Santo im Jahre 1812, bemerke weiter, daß 1818 Schweizer und Deutsche für den südlichen Theil von Bahia engagirt wurden, deren geringe Zahl sich nicht der Verschmelzung mit den Eingeborenen, auch nicht der Benutzung von Sklavenkräften zu entziehen vermochten, aber durch großartiges Aufblühen ihrer Landbesitzungen heute noch einen guten Namen haben. — „Leopoldina", in der Comarca „Caravellas" zeichnet sich als bedeutender Kaffeedistrikt aus, war ein Unternehmen Deutscher (unter ihnen der bekannte Naturforscher Freireiß aus Frankfurt a. M.) und erfreute sich der besondern Protektion des Kaisers Dom Pedro I. und seiner Gemahlin, der Kaiserin Leopoldina, geb. Erzherzogin von Oesterreich.

Im Jahre 1820 wurde seitens der portugisischen Regierung in Brasilien ein Gesetz erlassen, nach welchem europäischen Ackerbauern „römisch-katholischen Glaubens" in Brasilien Ländereien geschenkt werden sollten, und mit dieser Klausel was das dritte Unternehmen des Königs Johann, zu welchem er im Jahre 1819 den Impuls gegeben und die Anlage einer Musterkolonie durch Schweizer bezweckt hatte, so gut wie aufgehoben; die Anfänge dieser hatten zur Gründung des Städtchens „Neu-Freiburg" geführt, das heute noch einen gesegneten Kaffeedistrikt in der Provinz Rio de Janeiro bezeichnet.

Wenngleich man diesen Unternehmungen nicht den Namen einer „ersten freien Kolonisation" Brasiliens verweigern kann, so tritt mit dem Namen „São Leopoldo" erst die wirkliche Bedeutung derselben in den Vordergrund der Kolonisationsgeschichte Brasiliens. —

Aus dem Vorhergehenden haben wir bereits ersehen, von welcher Wichtigkeit die Provinz Saõ Pedro do Rio Grande do Sul durch die Kolonisation mit deutschem Elemente geworden ist und wie Saõ Leopoldo in ihr den ersten Platz einnimmt.

In aller Kürze sei nur erwähnt, daß die Anlage dieser Kolonie dem Kaiser D. Pedro I. zu verdanken ist, der im Jahre 1824 deutsche Ackerbauer nach der Provinz berief und ihnen seine beiden, in ihr liegenden Domainen als Eigenthum schenkte.

Diese Landschenkungen, die noch von andern Vergünstigungen begleitet waren, auch den, zu gleicher Zeit mit den Ackerbauern in Deutschland engagirten Soldaten gewährt wurden, bewirkten, daß die Zahl der Einwanderung, die im Jahre 1824 nur 126 Seelen stark war, bis zum Jahre 1830 bereits bis auf fünftausend stieg. Die Geschichte jener Kolonie weist nach, wie bald die beiden Domainen, die in Kolonieloose von etwa 300 preußischen Morgen Flächeninhalt eingetheilt waren (deren jede Familie und jeder einzelne arbeitsfähige Kolonist eins erhielt) nicht mehr ausreichten und wie deshalb nun dem Staate zugehörige Ländereien der Einwanderung übergeben werden mußten.

Wir übergehen die Details der weitern Kolonie-Entwickelungsgeschichte, heben aber im Interesse der allgemeinen Betrachtung das Jahr 1830 als solches hervor, mit welchem eine ungünstige Strömung in der glücklich angefangenen Kolonisationsgeschichte eintrat.

Es hatten sich nämlich nach der Unabhängigkeitserklärung Brasiliens und seiner Constituiruug zum Kaiserreich (7. September 1822) unter D. Pedro I. die politischen Wirren, die durch eine starke republikanische Parthei im Lande sich nur noch vermehrten, dergestalt vergrößert, daß der Regent nicht die Sanktionirung des Gesetzes vom 15. December 1830 umgehen konnte, nach welchem der Regierung jedwede pekuniaire Ausgabe für fremde Einwanderung und Kolonisation verboten wurde.

Natürlich mußte dasselbe auf diese einwirken und so sehen

wir denn auch, daß die Kolonisationsunternehmungen, wie sie in andern Provinzen, namentlich in Santa Catharina mit entlassenen deutschen Soldaten, begonnen hatten, fast gänzlich scheiterten.

Daß auch in der Provinz Rio Grande do Sul dies Gesetz und die im darauf folgenden Jahre stattgehabte Abdankung des Kaisers (1831), der stets große Sympathien für die Deutschen gezeigt hatte, von störendem Einfluße auf die Entwickelung der Kolonisation sein mußte, daß ferner die republikanische Bewegung der Provinz (von 1836 bis 1845) nicht zu ihrer günstigen Entwickelung beizutragen vermochte, ist selbstverständlich; immerhin aber ist bedeutungsvoll, daß der Zuzug von Deutschen nach den Kolonien von Saõ Leopoldo dennoch niemals ganz aufhörte und daß selbst an andern Orten der Provinz sich kleine deutsche Niederlassungen erhielten, niemals aber das traurige Schicksal mit denjenigen Ansiedlungen theilten, die mit andern europäischen Einwanderern gegründet waren.

Die deutschen Kolonisten hatten sich, freilich auch nach Ueberwindung mancher Schwierigkeit, aber infolge der Fruchtbarkeit des Bodens und namentlich ihrer unverdrossenen Arbeit und Energie, sehr bald eines gewissen Wohlstands zu erfreuen gehabt und es wurde ihnen möglich, nicht allein mit gutem Gewissen Verwandte und Freunde nach Brasilien einzuladen, sondern diesen auch die Mittel zur Bestreitung der Reisekosten zu senden.

Dieses Faktum hebe ich besonders hervor, weil in der Neuzeit von jenen und ähnlichen Einladungen anderer Provinzen behauptet wurde, daß sie in nichts zu Gunsten des guten Looses der Einwanderer sprächen, sondern nur den Wunsch seitens der ältern, in Brasilien ansäßigen Kolonisten zu erkennen gäben, „*Gefährten im Unglücke*“ zu haben, bei denen sie „*vortheilhaft ihre sonst nicht zu verwerthenden Ackerbauprodukte anbringen könnten*“.

Die Söhne der ältern Kolonisten nahmen später, als Theilungen der väterlichen Grundstücke und Erbschaften stattfanden, häufig Gelegenheit, neue Ländereien zu erwerben, und da solche in der Nähe von Saõ-Leopoldo schon theuer geworden waren, so suchten sie sich an anderen, entlegneren Orten billige Ländereien zum Kaufe aus, auf denen sie sich ansiedelten.

So entstand, neben der fortdauernden Einwanderung von Europa, eine stetige Auswanderung von den Kolonien Saõ Leopoldos und letztere bevölkerte theils die von der Provinzialregierung angelegten Kolonien (wie Santa Cruz, Saõ Angelo, Neu-Petropolis u. s. w.), theils Privatkolonien (Saõ Lourenco, Santa Maria, Mundo Novo, Teutonia 2c.).

Die Entwickelung der deutschen Kolonisation in der Provinz Rio Grande do Sul ist seitdem — und trotz aller erschwerenden Maaßnahmen, die in Bezug auf die Auswanderung nach Brasilien seitens der diesseitigen Behörden adoptirt worden sind — fortgeschritten; mit ihm hat der Handel einen enormen Aufschwung und zwar solchen genommen, daß er, wie bereits erwähnt wurde, auf den deutschen Markt in Europa Einfluß hat. — Wenn diese Entwickelung und der daraus entstandene Vortheil für Deutschland dem dortigen deutschen Ackerbauer in erster Instanz zuzuschreiben ist, so ist aber nicht zu verkennen, daß der gebildete deutsche Kaufmannsstand in der Provinz, namentlich in den Städten Porto Alegro und Rio Grande, der stets das größte Interesse an allen gemeinnützigen Zwecken nimmt und sie mit seiner Intelligenz und pekuniairen Mitteln unterstützt, daß ferner der wohlhabende deutsche Handwerkerstand und die intelligenten Köpfe der Presse, des Konsulats, der evangelischen Geistlichkeit und des Schulfachs 2c., die „Hauptmotoren“ zu den Fortschritten sind, durch welche sich die Provinz auszeichnet und die bei den Eingeborenen des Landes die beste Anerkennung finden. Die Sympathien, die Brasilianer und Deutsche dort für einander hegen, haben sich stets bei allen Bewegungen, denen unser deutsches Vaterland namentlich in der neuern Zeit unterworfen gewesen ist, glänzend bewährt und das Unrecht, das leider nur zu oft die hiesige Presse an jenem bevorzugten Landestheile begangen hat, um so greller beleuchten lassen.

Kehren wir nun zum Jahre 1830 zurück, in welchem durch das Gesetz vom 15 December der fremden Kolonisation in Brasilien jedwede pekuniaire Unterstützung verweigert wurde, so sagen wir uns, daß es nicht nur den Abschluß der ersten Kolonisations-periode, sondern auch einen gewissen moralischen Rückschritt des Landes bezeichnet. Diese erste Periode der „Kolonisation mit freien Arbeitern" wollen wir noch näher in denjenigen Vergünstigungen kennen lernen, welche die Regierung den fremden Ackerbauern gewährte und die, wie wir bereits sagten, auch Anwendung auf die von dem Kaiser in Europa engagirten Militairs fanden.

Diese Bedingungen waren folgende: Freie Reise von Europa bis nach den Kolonien für alle Diejenigen, welche contraktliches Engagement angenommen hatten; Schenkung eines abgemessenen Grundstücks von etwa 300 Morgen Flächeninhalt, Lieferung von Lebensmitteln für das erste Jahr der Ansiedlung, von Sämereien und einigen Hausthieren: dagegen hatten die Kolonisten, die frei von allen Abgaben und während der ersten 10 Jahre auch vom Dienste der Nationalgarde waren und das Bürgerrecht sehr bald erlangen konnten, keine andern Verbindlichkeiten als die, ihre Grundstücke zu bebauen und zu bewohnen.

Der Irrthum, der durch das Gesetz vom Jahre 1830 begangen worden war, mußte sich sehr bald und um so mehr fühlbar machen, als durch die Unterdrückung der Sklaveneinfuhr und durch die stetige Abnahme des Sklavenbestandes dem Ackerbau im Lande nicht mehr genügt werden konnte und der freien Arbeit, die nur durch freie Einwanderung zu erzielen war, ein wesentlicher Hemmschuh angelegt wurde. Namentlich war der Süden des Reichs, der dem reicheren Norden bereits einen großen Theil seines Sklavenbestandes verkauft hatte, übel daran, und aus diesem Grunde mußte er sich schnell zur Heranziehung von freien Arbeitskräften entschließen. —

Es waren Besitzer von großen Landgütern, welche die Angelegenheit zuerst in die Hand nahmen und unter ihnen der Senator Vergueiro in der Provinz Saõ Paulo, der, ohne Unterstützung der Regierung, ja sogar anfangs von ihr Hindernisse erfahrend, Arbeiter von Europa kommen ließ und sie als Halbpächter für seine großen Kaffeeplantagen engagirte.

Die Contrakte, welche er, wie später auch andere Grundbesitzer unter ziemlich gleichen Bedingungen mit den Einwanderern schloß, setzten fest, daß der Unternehmer die Kosten für die Uebersiedlung der Kolonisten und ihre erste Einrichtung auf seinem Territorium zu tragen hatte, dagegen die Kolonisten sich verpflichten mußten, die Culturarbeiten auf den Gütern zu leisten und von den Ernten die Hälfte an den Gutsbesitzer abzugeben. Von dem Erlös ihrer Hälfte mußten die Halbpächter nach und nach die für sie gemachten Auslagen der Uebersiedlung und des Unterhalts zurückerstatten.

Es ist dies das sogenannte „Parceria-System“, gegen welches so viel in Deutschland und der Schweiz von den öffentlichen Blättern agitirt worden ist und zwar infolge der Streitigkeiten, welche zwischen den Gutsbesitzern und Kolonisten ausbrachen.

Wir werden später ersehen, wie auf Intervention der Schweizer Gesandtschaft dieses Parceria-System in Saõ Paulo und wie durch die Preußische Legation dasselbe in der Provinz Rio de Janeiro beseitigt worden ist; hier aber möchte ich auf die Vor- und Nachtheile aufmerksam machen, welche dasselbe darbietet und die um so mehr beleuchtet zu werden verdienen, als in der Neuzeit wiederholentlich und in verstärktem Maaße seitens der Presse gegen die Handhabung des Parceria-Systems aufgetreten worden ist. —

Die Vortheile, welche dem Parceria-Kolonisten geboten werden, bestehen darin, daß dieser in der ersten Zeit, in der er noch nicht akklimatisirt, nicht an die verschiedene Lebensweise, an andere, als europäische Nahrungsmittel und an die fremde Art des Ackerbaus gewöhnt ist, sich nicht gleich mit der müheseligsten Arbeit, mit der Urbarmachung des übernommenen Grundstücks, zu befassen hat, sondern daß er das Land präparirt und dergestalt bepflanzt findet, daß er baldigst eine entsprechende Einnahme durch die Ernte zu gewärtigen habe. — Der Kolonist hat infolge seines Contrakts nicht allein die Lebensmittel, sondern alle übrigen Lebensbedürfnisse zu erhalten und lernt, unter Anleitung der Brasilianer, am

Schnellsten das neue Ackerbausystem kennen, ohne daß er die Arbeit zu überstürzen braucht.

Vorausgesetzt, daß der Gutsherr das Vertrauen rechtfertigt, welches nicht allein der Kolonist, sondern auch die Regierung in ihn setzt, angenommen, daß der Einwanderer in gleichem Maaße seinen eingegangenen Verbindlichkeiten nachkommt, so gelangt dieser nach Ablauf einiger Jahre soweit, daß er seine Schulden bezahlt und so viel erübrigt hat, um sich Land zu kaufen und unabhängig zu sein: dann ist er aber bereits an die dortige Arbeit gewöhnt und eine gute Zukunft liegt für ihn um so weniger im Zweifel, als gerade der Kaffeebau in Brasilien den meisten und reellsten Gewinn abwift. Der Kaffee ist eins der lukrativsten Producte des dortigen Ackerbaus, denn er ist niemals großen Schwankungen des Marktpreises unterworfen.

Es ist nicht zu läugnen, daß dieses Halbpachtsystem sich in vielen Ländern als praktisch bewährt hat, aber es paßt insofern nicht für unsern deutschen Landmann, als dieser ein eigenes Besitzthum haben will und, um dieses zu erlangen, aus seinem Vaterlande auswandert!

Ein zweiter Umstand, der mich gegen das Parceria-System in Brasilien einnimmt, ist der Nationalcharakter des Portugiesen und dessen Benehmen und Auftreten als Grundbesitzer, dem Lohnarbeiter oder Pächter gegenüber.

Jeder, der lange Zeit in Brasilien gelebt nnd gewirkt hat, dem die kulturhistorische Entwickelung des brasilianischen Volks bekannt ist, wird wissen und bemerkt haben, daß zwischen dem Brasilianer und Portugiesen eine gewisse Spannung und Eifersucht, ja ich möchte sagen, eine Art von Racenhaß existirt, der auch in jüngst verflossener Zeit, infolge von Zwistigkeiten zwischen brasilianischer Polizei und portugiesischen Karossenführern und Arbeitern in Rio Janeiro, zu Erörterungen in der dortigen Presse Veranlassung gab. Diese Rivalität ist zu begreifen, sobald man sich vergegenwärtigt, daß die Portugiesen, die Vorfahren der Brasilianer, die afrikanische Negerrace ins Land und mit ihr die Corruption einführten, an deren Folgen das Volk jetzt noch leidet; die Abneigung ist erklärlich, sobald man berücksichtigt, daß Brasilien bis auf den heutigen Tag noch von den Portugiesen aufs Kräftigste ausgebeutet wird!

Außer den vielen Arbeitern und Tagelöhnern, die von Portugal nach Brasilien kommen und sich fast nur in den Hauptstädten des Landes niederlassen (höchst selten nur um Ackerbau zu treiben), aber — selbst der größte Neid vermag es ihnen nicht abzusprechen — fleißig arbeiten, sehr sparsam und nüchtern leben und nach Ersparung einiger tausend Milreis in ihr Vaterland zurückkehren, entsendet Portugal alljährlich ganze Schiffsladungen von Knaben, welche in dem Kleinhandel des Landes untergebracht werden und — vermöge des, dem Portugiesen eigenen, jüdischen und schachernden Charakterzugs — allmälig zu wohlhabenden Handelsleuten sich heranbilden, dann aber den kleinen und mittleren Handel des Landes fast vollständig usurpiren. —

Der Portugiese hat ferner die Gewohnheit, abgeschlossen für sich und in den Kreisen seiner Landsleute zu leben, unter denselben seine Familie zu begründen und für das Land, in dem er lebt und in dem er reich geworden ist, nur wenig patriotische Opfer zu bringen. Sein Bildungsgrad, der im Allgemeinen weit hinter dem des intelligentern und gefühlvolleren Brasilianers zurückbleibt, entspricht gewöhnlich nur seiner ersten unbedeutenden Elementarbildung, die er als Knabe von Europa mitbrachte; aber sein angeborener Handelssinn, der dem Brasilianer abgeht, macht ihn wohlhabend und, wie es nicht anders sein kann, häufig auch zum Besitzer von großen Landgütern. —

Daß der auf solche Weise hervorgegangene Gutsbesitzer, der als Knabe den niedrigsten Dienst versehen mußte, sich auch nicht der besten Behandlung seitens seines Lehrmeisters zu erfreuen gehabt hatte, in dem Parceria-Kolonisten nichts anders, als eben nur den Arbeiter, wie er es früher selbst gewesen ist, zu betrachten und behandeln weiß, ist erklärlich; aber gewiß in den seltensten Fällen nur wird sich der Fremde über Härte und Unmenschlichkeit seitens des Brasilianers zu beklagen haben, denn diese Untugenden stehen mit dem, Letzterem so eigenen Sinne für „Gastfreundschaft," im vollsten Widerspruche.

Ich gebe zu, daß, aus Mangel an hinreichender Ortskenntniß, durch häufiges Wechseln der leitenden Behörden und dergleichen, mancher Irrthum in dem brasilianischen Kolonisationsverfahren begangen worden ist; ich habe schon früher erklärt, daß auch manche Klage, die nach Europa gedrungen ist und zwar bezüglich der Täuschung seitens gewissenloser Agenten, der Uebervortheilung und schlechter Belehrung der Auswanderer, wohl gerechtfertigt gewesen ist und Grund gegeben hat, daß Einzelne nicht fortkommen konnten; allein das will wenig zu der großen Mehrzahl Derjenigen sagen, die ein glückliches Loos in Brasilien gezogen haben! Wie oft dagegen haben Regierung und Privatpersonen Grund und Ursache, sich über das Benehmen der engagirten Kolonisten zu beklagen und wie wenig Mittel besitzen Jene in Händen, um die, seitens der Einwanderer gegen sie eingegangenen Verbindlichkeiten respektiren zu machen! Wird aber einmal eine Maaßregel gegen diese angewendet, dann ruft man in Europa gleich: „Erst läßt Brasilien Einwanderer kommen und dann mißhandelt man sie!"

Die Presse und officielle Berichte haben viel über das bis zum Augenblick noch in Kraft bestehende Gesetz vom 11. October 1837 gesprochen, welches sie mit dem Namen „Dienstbotengesetz" belegen und das häufig gegen Parceriakolonisten angewendet worden sein soll.

Das Gesetz betrifft das Verhältniß zwischen dem Miethsherrn, (locatario) und dem Miethsmanne (locador) und soll gegen den Contaktbruch schützen. — In der That sind die in dem Gesetze vorgesehenen Maaßnahmen hart, allein auf welch' andere Weise, als wie durch Strenge, will man denn Personen ohne Besitz zum Aufrechthalten ihrer Contrakte anhalten? Haben wir in der Neuzeit nicht auch ein redendes Beispiel von der Nothwendigkeit eines solchen Gesetzes in Bezug auf Arbeitnehmer, wie es augenblicklich im Reichstage zu Berlin ventilirt wird und den Contraktbruch geahndet wissen will?

Jenes brasil. Gesetz bestimmt, daß zur Basis eines gesetzlichen Verfahrens nur ein „schriftlicher, vollständig legalisirter Miethscontrakt“ dienen könne, der, gleichgültig ob im In- oder Auslande abgeschlossen, genauest die Bedingungen der gegenseitigen Verbindlichkeiten enthalten müsse. —

Minderjährige können nur mit Erlaubniß der Eltern oder des Vormunds, oder wenn diese fehlen sollten, nur unter Zuziehung eines Kurators Miethscontrakte abschließen und zwar bis zur Zeit ihrer Mündigkeit. In allen Municipien, in denen Kolonisationsgesellschaften bestehen, giebt es daher von der Regierung oder dem Präsidenten der Provinz ernannte General-Kuratoren der Kolonisten; in den übrigen Municipien versieht diesen Dienst der Waisen-Kurator, der in allen streitigen Fällen gehört werden muß.

Der Miethsherr kann nur im Falle anhaltender Krankheit des Gemietheten, oder wenn dieser wegen anhaltender Trunkenheit, wegen Beleidigung oder Gewaltthat gegen die Familie des Brodgebers, wegen andauernden Unwillens zur Arbeit, oder infolge Ausführung eines richterlichen Urtheils, nicht seinen eingegangenen Verbindlichkeiten nachkommen kann, den Contrakt aufheben und der Gemiethete muß dann seine, etwa auf ihm noch lastenden Schulden bezahlen. Verweigert er dies, so kann er arretirt und gezwungen werden, so lange an den öffentlichen Arbeiten Theil zu nehmen, bis die Schuld getilgt ist. Entzieht er sich auch hier der Arbeit, so muß er die Schuld im Arbeitshause abverdienen.

Läuft der Gemiethete weg, um sich der Arbeit des Brodherrn zu entziehen, so kann er überall, wo er angetroffen wird, arretirt werden und muß auf vorhin angegebene Art den doppelten Betrag seiner Schuld und die verursachten Kosten bezahlen. Eine gleiche Strafe trifft den, der einen solchen Flüchtling beherbergt.

Hält der Miethsherr seinen Contract nicht, d. h. die stipulirten Bedingungen, oder mißhandelt er den Gemietheten oder seine Familie, so muß er letzterem den vollen Betrag der Miethszeit zahlen, auch braucht dieser, wenn er bei dem Brodgeber noch Schulden hat, dieselben nicht zu bezahlen.

Nur durch richterliches Erkenntniß des Rechtsrichters, nach vorhergegangenem Ausgleichsversuche vor dem Friedensrichter, kann in allen Fällen die Ausführung des Gesetzes stattfinden. Das Gesetz ist, wie wir sehen, ein hartes und paßt mit der freisinnigen Constitution des Landes nicht zusammen; es wird und muß um so früher fallen, als die brasil. Regierung es niemals gegen einen ihrer contraktbrüchigen Ansiedler angewendet und stets, sowie es (gegen ihren Willen) von Privatunternehmern angewendet worden ist, es augenblicklich suspendirt hat.

Die Verbesserung in dem brasil. Rechtswesen, das in jedem Jahre die besondere Fürsorge der Landesvertretung in Anspruch nimmt, muß vor Allem jenes Instrument verschwinden lassen, das dem freien Kolonisationswesen Brasiliens Abbruch thut und dieses in den Augen der Europäer verdächtigt! Ueberhaupt ist jede Art von Contrakt, die den Einwanderer bindet, in den Augen der Europäer höchst ungern gesehen und darum der Einwanderung in Brasilien schädlich! Auch ich bin gegen jede Art von contraktlichem Engagement mit Einwanderern und habe daher die Entschließungen der kaiserl. brasilianischen Regierung, infolge derer sie dem europäischen Auswanderer die Passagedifferenz zwischen Nordamerika und Brasilien zum Geschenke macht, ihm für ein Billiges gutes Land verkauft, auch für so lange Zeit ihm Unterstützung gewährt, bis er sich selbst ein Unterkommen gesucht hat, dagegen aber dem Einwanderer keine Verbindlichkeit oder Beschränkung in der Wahl seines Berufs auferlegt, nur mit dem lebhaftesten Interesse begrüßen können! Jedermann ist seines Schicksals Schmied! dieser Erfahrungssatz bestätigt sich auch in Brasilien, denn der arbeitsame, ordentliche Kolonist und Einwanderer findet dort seine Rechnung und nur Derjenige kommt dort nicht vorwärts, dem es an Willen und Muth fehlt, sich eine Existenz zu schaffen!

Kehren wir zur ersten Periode der freien Kolonisation Brafiliens, die mit dem Jahre 1830 ihren Abschluß fand, zurück und durchlaufen wir nun auch noch einmal die Kolonisationsunternehmungen dieser Periode.

Zur Zeit des Abhängigkeitsverhältnisses von Portugal finden wir 1812 die Versuche mit Portugiesen in der Provinz Espirito Santo, 1818 die mit Schweizern und Deutschen in der Provinz Bahia (Leopoldina) und 1819 und 20 die mit denselben Nationalitäten in der Provinz Rio de Janeiro.

Nach der Unabhängigkeitserklärung Brasiliens unter der Regierung des Kaisers Dom Pedro I. haben wir in der Provinz Saõ Paulo die Gründung der Kolonie S. Amaro, und zwar mit Rheinländern, zu verzeichnen.

1824 war die erste Einwanderung von deutschen Ackerbauern in die Provinz Saõ Pedro do Rio Grande do Sul (Saõ Leopoldo); 1826 fanden die Ansiedlungen von Deutschen bei Torres und Tres Forquilhas in derselben Provinz statt, die bis auf den heutigen Tag noch bestens gedeihen. Endlich haben wir in dieser Periode noch der Ansiedlung von Deutschen in der Provinz Santa Catharina zu gedenken, die theils von entlassenen Soldaten, wie S. Amaro und S. José, theils von Ackerbauern (Saõ Pedro de Alcantara, im Jahre 1829 gegründet) unternommen wurde. Letztere Kolonie, die lange emancipirt ist und heute kaum mehr als 1100 Einwohner zählt, ist ein ächt deutsches Etablissement geblieben und zählt zu den reichsten Distrikten der Provinz.

1825 endlich haben wir in der Nähe von Rio de Janeiro, auf der Serra de Estrella (in dem Orgelgebirge und in einer Höhe von etwa 3000 Fuß) und auf brasilianischen Kronlande, die Kolonie „Petropolis" mit deutscher Bevölkerung anzuführen, die aber sehr bald ihren Koloniecharakter verlor. Später erst, etwa um 1843, wurde sie wiederum als „Kolonie" erklärt und durch neuen Zuzug von Deutschen verstärkt.

Als Ackerbauinstitut ist Petropolis ohne Bedeutung geblieben, dagegen hat es sich zu einem reizenden Städtchen erhoben, zu dem vom Ufer der großen Bai von Rio Janeiro bis an den Fuß des Gebirgs eine Eisenbahn, von dort aber eine vortreffliche Kunststraße nach oben führt. Als Sommerresidenz des Kaisers und der fremden Gesandtschaften ist Petropolis eine elegante Stadt geworden, die den Anziehungspunkt vieler Touristen bildet; ihre deutschen Bewohner leben von Garten- und Gemüsebau, von Milchwirthschaft und Butterfabrikation und sind als gute Handwerker bekannt. —

Die zweite Periode der Kolonisation, zu der wir nun übergehen, kann ebenso, wie die erste, nur mit dem Namen der „isolirten Versuche" bezeichnet werden und schließt einen zwanzigjährigen Zeitraum, also bis zum Jahre 1850 reichend, in sich. In dieselbe fällt die Anlage folgender Kolonien:

In der Provinz Paraná die des Belgiers Carl von Lede (1844); nur mit Belgiern gegründet. — Obgleich dies Etablissement sich niemals sehr bedeutend vergrößert hat, so bestätigt es den, freilich so häufig bestrittenen Erfahrungssatz, „daß es dem arbeitsamen Kolonisten in Brasilien gut geht," aufs Entschiedenste. Ein Gleiches ist es mit der Kolonie Santa Thereza, 1846 angelegt und zwar mit 450 Brasilianern, 17 Franzosen und nur 2 Deutschen, der Fall.

In der Provinz Santa Catharina bemerken wir die Anlage der Kolonie „Santa Izabel," deren Gründung mit Deutschen im Jahre 1847 ihren Anfang nahm und einen so guten Ruf des gedeihlichen Fortkommens ihrer Bewohner erlangte, daß im Jahre 1860 viele Parceria-Kolonisten zu ihrer Vergrößerung seitens der kaiserlichen Regierung hingesendet werden konnten; sie ist eine ächt deutsche Kolonie geblieben und erfreut sich einer gewissen Wohlhabenheit.

Eine gleichnamige Kolonie „Santa Izabel" wurde in demselben Jahre 1847 mit Rheinländern und Hessen in der Provinz Espirito Santo angelegt und ebenso wie Petropolis, Santa Thereza und Santa Izabel (in der Provinz Santa Catharina), auf Kosten der Staatsregierung verwaltet. Diese Anlagen beweisen zur Genüge, daß das Gesetz vom Jahre 1830 nicht in Kraft bestehen konnte und der Staat autorisirt werden mußte, die Mittel herzugeben, um dem immer mehr wachsenden Bedürfnisse der freien Arbeit Vorschub zu leisten. Und wie sehr dieses fühlbar wurde, dafür spricht einmal der Fortschritt, den die Kolonie von Saõ Leopoldo in der Provinz Rio Grande do Sul bis zum Jahre 1850 gemacht hat (deren Einwohnerzahl bereits bis auf 10tausend Seelen gestiegen war) und anderseits der Kolonisationsversuch mit dem Parceria-System in Saõ Paulo, von dem bereits gesprochen wurde. —

Der Schluß der zweiten Periode, welche, in Verbindung mit der ersten, dem Lande im Ganzen etwa 20 tausend fremde Kolonisten zugeführt hatte, kennzeichnet sich vortheilhaft noch durch das Dekret vom 15. Mai 1850, durch welches dem „Kolonisationsvereine von Hamburg“ der sich 1849 gebildet hatte, zur Gründung der Kolonie „Donna Francisca“ (in der Provinz Santa Katharina) für dies Unternehmen, welches unter allen Privat-Kolonisationsunternehmungen in Brasilien das erfolgreichste geworden ist, gewisse Rechte und Privilegien gewährt wurden.

Eine wirkliche Grundlage erhielt das brasilianische Kolonisationswesen, wenngleich die erste Anregung in der zweiten Periode von den großen Grundbesitzern gegeben worden war, erst durch die Staatsregierung, als diese, gleichzeitig mit den kräftigsten Maaßregeln zur gänzlichen Unterdrückung der Sklaveneinfuhr, auch die Regulirung der Agrarverhältnisse und die Feststellung und Vermessung der Staatsländereien ernstlicher in die Hand nahm.

Die Besitzverhältnisse befanden sich, wie es auch darum nicht anders in einem Lande sein konnte, das vor noch nicht 30 Jahren erst aus dem portugiesischen Kolonialverbande getreten war, in der größten Verwirrung.

Die ersten Eroberer und Kolonisten hatten von der Krone Portugal ungeheure Landstrecken als Geschenk (sesmarias) erhalten, die, gleichsam wie Majorate, untheilbar waren, aber keine bestimmt festgestellten Grenzen besaßen und nur in ihren allerkleinsten Theilen von Sklaven bearbeitet wurden.

Ein weiterer Uebelstand war der, daß später nur Verleihungen von Ländereien mit der Bedingung für den Besitzer stattfanden, sie innerhalb eines bestimmten Zeitraums zu kolonisiren, und daß endlich Ländereien (posses) ohne irgend ein Anrecht, von Kolonisten in Besitz genommen werden konnten, die durch Kultivirung und Verjährung aber ein gewisses Besitzrecht erlangten.

Unter solchen Umständen war die Herstellung oder vielmehr Gründung eines ordentlichen Katasters gewiß ein Bedürfniß, aber auch ein Riesenwerk, das bis zum heutigen Tag noch die größte Mühewaltung und Fürsorge der Regierung in Anspruch nimmt. —

Freilich hatte die brasil. Regierung schon früher eine allgemeine Revision der Besitzverhältnisse im Lande anbefohlen, allein wie wäre diese bei der ungeheuren Landesausdehnung, der geringen Bevölkerung und dem Mangel an Communikationen und endlich bei den erbitterten Partheikämpfen früherer Zeit möglich gewesen?

Alle Kolonisationsunternehmungen im Großen, die dem Staate verhältnißmäßig enorme Summen kosteten, mußten ohne nennenswerthen Erfolg und zwar so lange bleiben, bis man sich zu dem einzigen sichern Mittel, nämlich zur vollständigen „Reglung der Agrarverhältnisse," entschließen konnte.

Dieses soll durch das Gesetz (lei das terras) vom 18. September 1850 geschehen, ist aber erst zur wirklichen Ausführung durch das Dekret vom 30. Januar 1854 gekommen.

In Folge desselben werden die Staatsländereien (terras devolutas) aus den Privatbesitzungen ausgeschieden, das Land vermessen und erstere — nach dem Muster des amerikanischen Systems — in Abtheilungen getheilt, in „Territorios" d. h. in Quadrate, deren Seitenlänge 2 legoas (1 legoa = $^3/_4$ Meile) beträgt und die wieder in 12 Theile — zu Kolonieloosen — eingetheilt wird. Diese Ländereien, mit Ausnahme solcher, die an Landesgrenzen oder großen Straßen liegen, können nur noch verkauft, aber nicht mehr verschenkt werden.

Zur Ausführung des Dekrets wurde ein „General Landamt" (Reparticaõ geral das terras publicas) in Rio de Janeiro mit Unterabtheilungen in den Provinzen (delegacias das terras publicas) geschaffen, das 1861 aufgehoben und zu einer Unterabtheilung des, in demselben Jahre neu geschaffenen Ministeriums für Ackerbau, Handel und Oeffentliche Arbeiten, umgebildet wurde.

Beiläufig erwähne ich hier, daß durch Dekret vom 31. Dezember 1873 die Sekretarie dieses Ministeriums reformirt worden ist, so daß eine jede derselben gegenwärtig ihren eigenen, nicht aber wie früher, einen gemeinsamen Chef hat, der bisher als General-Director des Ministeriums fungirte und dem die andern untergeordnet waren. Dieser so wichtige Fortschritt wird namentlich den ferneren Einwanderungs- und Kolonisationsverhältnissen von großem Nutzen sein, denn es ist nicht zu läugnen, daß die frühere Organisation manche Unvollkommenheit hatte und den ganzen Geschäftsgang erschwerte.

Das Landgesetz von 1854 ist noch kein vollkommenes; namentlich macht man ihm den Vorwurf, daß dasselbe zu viel Nachsicht gegen Landspekulanten ausübe, welche, ohne Absicht das Land zu kultiviren, es im Großen kaufen, um es mit großem Vortheil wieder zu verkaufen und den Aermeren es unmöglich machen, für einen kleinen Preis es direkt von der Regierung zu erlangen; allein in der Neuzeit hat man auch diesem Mißbrauch gesteuert und namentlich sind diejenigen Ländereien, die aus Saumseligkeit nicht cultivirt oder bezahlt worden waren, confiscirt und auf's Neue zum Verkauf gestellt worden.

Speciell möchte ich noch des Umstandes erwähnen, daß zu Gunsten der deutschen Kolonisten in Saõ Leopoldo in der Provinz Rio Grande das Gesetz eine gewisse Ausnahme und zwar dadurch erlitten hatte, daß — als im Jahre 1863 auf Antrag der K. Preußischen Gesandtschaft in Rio Janeiro die Kolonien von Saõ Leopoldo durch eine Kommission (von 1863 — 1869) neu vermessen und legalisirt wurden — man Eindringlinge in die Staatsländereien vor den Strafen des Gesetzes schützte; d. h. man ließ Diejenigen, die nach der Bekanntmachung des Gesetzes vom 30. Januar 1854 sich ohne alle Erlaubniß in den Staatsländereien angesiedelt hatten, nicht allein in dem Besitze des bereits kultivirten Landes, sondern man ergänzte ihnen dasselbe bis zu dem Flächeninhalte eines Kolonielooses und rechnete ihnen dasselbe p. Quadratbrasse zu 1 real (das macht pro Morgen etwa 6 Silbergroschen aus) an, machte sie auch nicht verbindlich, die Vermessungskosten zu tragen, wie es das Gesetz vorschreibt.

Nach diesem Gesetz sollen die posseiros (alle Diejenigen, welche vor seiner Publikation sich ohne Erlaubniß in Staatsländereien ansäßig gemacht haben) ihr kultivirtes Land als Eigenthum behalten, dagegen aber es legitimiren, d. h. auf ihre Kosten vermessen lassen und den Besitztitel von der Präsidentur der Provinz reklamiren.

Die Ausnahme, welche die kaiserliche Regierung zu Gunsten jener Kolonisten machte, dafür freilich manche feindliche Kritik erfahren mußte, entspricht allen übrigen pekuniairen Wohlthaten, mit denen fremde Einwanderer von ihr in hohem Maaße bedacht worden sind und für die sie in vielen Fällen nur Undank erndtete.

Leider müssen wir bekennen, daß im Ganzen der Erfolg des Gesetzes von 1850 für Einwanderung und Kolonisation nur ein geringer gewesen ist. Zunächst konnte dasselbe keine Wirkung ausüben, da 4 Jahre darüber hingingen bis die Ausführungsverordnungen in Kraft traten. Diese Zeit benutzten die großen Grundbesitzer zur Herbeiziehung von Einwanderern, so daß etwa bis zum Jahre 1857 einige dreißig Parceriaverträge zu verzeichnen sind, in deren Folge 3 bis 4 tausend fremde Kolonisten ins Land kamen.

Das General-Landamt in Rio Janeiro, dem, wie bereits erwähnt wurde, die Ausführung des Gesetzes übertragen worden war, entwickelte eine außerordentliche Thätigkeit (unter der vortrefflichen Leitung der Staatsräthe Manoel Felizardo und Bernardo Augusto Nascentes d'Azambuja), um einmal den Grundkataster für das Land herzustellen, die Staatsländereien von dem Partikular-Besitz auszuscheiden, Territorien zu vermessen und zur Anlage von Kolonien vorzubereiten, andermal um sich ein Beamtenpersonal: Ingenieure, Direktoren, Aerzte, Geistliche beider Confessionen ꝛc. zu verschaffen und heranzubilden, that überhaupt alles nur Mögliche, um Einwanderer heranzuziehen.

Allein die Verhältnisse in Brasilien waren zu verschieden

von denen Nordamerikas, die Entfernung von Europa viel zu groß, als daß man auf unmittelbare Nachfrage von Seiten der Einwanderer selbst nach den zum Verkaufe gestellten Staatsländereien hätte rechnen können, und da war es denn natürlich und verzeihlich, daß die Regierung sich um die Vermittelung an Privatpersonen und Gesellschaften wendete und diesen gewisse Vortheile, namentlich auch in der Erwerbung von Staatsländereien, gewährte und sie zur Einführung von Kolonisten verpflichtete.

Aber schon im Jahre 1856 hatte man sich überzeugt, daß ohne große pekuniaire Mittel und Opfer dem Zwecke nicht entsprochen werden konnte und deshalb bewilligten die Kammern der Regierung die Summe von 4 Millionen Thalern zur Beförderung der Einwanderung und Kolonisation.

Vorzugsweise richteten die leitenden Behörden ihr Augenmerk auf die bereits bestehenden Staats- und Privatkolonien und unterstützten diese (wie in Espirito Santo, Santa Catharina und Minas Geraes), theils legten sie neue an, welche als Anziehungs- und Knotenpunkte für die weitere freie Kolonisation dienen sollten.

In gleicher Weise wurden Privatunternehmungen mit Kolonisation begünstigt, die gutes Gedeihen versprachen, dann aber, wegen fehlender Mittel, größerer Unterstützung der Regierung bedurften und endlich ganz von ihr übernommen werden mußten (wie Blumenau, Mucury und Rio Novo).

Auch damit konnte immer noch nicht den Bedürfnissen des Landes abgeholfen werden, denn den Grundbesitzern fehlten ebenfalls Arbeitskräfte; und um die Beschaffung derselben möglich zu machen, hatte sich im Jahre 1855 bereits die Central-Kolonisationsgesellschaft (Associacaõ central de colonisacaõ) gebildet, mit ihrem Sitz in Rio Janeiro, die den Zweck verfolgte, die Niederlassung europäischer Arbeiter in Brasilien in ausgedehntem Maaßstabe zu betreiben.

Ein derartiges Unternehmen hätte aber nur dann prosperiren können, wenn die Aktionaire nicht auf einen baldigen Vortheil hätten rechnen und die ganze Schöpfung mehr als patriotisches Opfer betrachten wollen; da ein pekuniairer Vortheil nicht so bald erzielt werden konnte, so mußte die Regierung das Unternehmen mit Mitteln unterstützen und schloß mit der Gesellschaft im Jahre 1857 einen Vertrag ab, nach welchem diese in dem Zeitraume von 5 Jahren 50 Tausend Einwanderer in das Reich einführen sollte.

Es würde mich zu weit führen, wenn ich alle gegenseitigen Bedingungen dieses Vertrags detaillirt aufführen wollte, um so mehr, als die Gesellschaft bereits im Jahre 1864 in Liquidation trat und etwa nur 6000 Kolonisten eingeführt hatte; ich erwähne nur daher der allgemeinen Basen eines Vertrags, der in jeder Beziehung moralisch und den Verhältnissen vollkommen angemessen war.

Die Regierung garantirte der Gesellschaft den Verkauf von guten fruchtbaren Staatsländereien zu dem Preise von $\frac{1}{2}$ real die Quadratbrasse (etwa 6 Sgr. für den Morgen) in allen Provinzen des Reichs; die unentgeltliche Ueberlassung von Ländereien am Meerufer und an den Flüssen zur Etablirung ihrer Depots; den Erlaß von allen Steuern auf Artikel, welche zum Unterhalt und zur Etablirung der Einwanderer nothwendig wurden; das Vorzugsrecht auf Pachtung von Nationalgütern; das Recht auf Expropriation zur Anlage von Straßen u. s. w.; die Gewährung einer Subvention zu ihrer Anlage; den zinsfreien Vorschuß von 1 Million in jedem Jahre des Contrakts (zurückzuzahlen in halbjährigen Raten von 10 %); eine Subvention von 30 Milreis für jeden Einwanderer im Alter von 10 — 40 Jahren und von 20 Milreis für Kinder von 5 — 10 Jahren, von welchen Summen $\frac{3}{5}$ dem Kolonisten als Ersatz der Reisekosten u. s. w., $\frac{2}{5}$ der Gesellschaft gehören sollten; die Gewährung einer höheren Subvention endlich dann, wenn die Gesellschaft nicht 7 % ihres Kapitals realisiren sollte; auch wurde ihr Protektion jeder Art, Empfehlung an die fremden Regierungen und Vertretungen, zugesichert.

Die Gesellschaft machte sich verbindlich, innerhalb 6 Monaten die Einrichtungen zu treffen, die zum Empfange, dem Unterhalte, der ärzlichen Pflege 2c. der Kolonisten nothwendig würden, Instruktionen für die Annahme, die Einschiffung und Ueberführung auszuarbeiten und der Regierung zur Genehmigung vorzulegen; sie ernannte Agenten und machte sich endlich verbindlich, moralische und arbeitsame Kolonisten zu besorgen und diese namentlich gründlich zu instruiren, damit sie „nicht mit falschen Hoffnungen und Ansichten nach Brasilien kämen.“ Sie hatte dafür zu sorgen, daß katholische und evangelische Seelsorger engagirt und endlich „gewissenhaft geführte Abrechnungsbücher“ geliefert würden, aus denen für jeden Einzelnen die Bilanz zwischen Aktiva und Passiva ersichtlich sei.

Mit diesem Contrakte veröffentlichte die Regierung 1858 ein Kolonisationsreglement über die Einführung, Vertheilung und Etablirung von Kolonisten, dessen Hauptgrundzüge folgende waren: Die nach den Regierungskolonien kommenden Kolonisten bezahlen für das Land, je nach Lage und Güte ½ — 1 real, oder wenn auf Credit 1 bis 1½ real pro Quadratbrasse; die Verkaufstitel werden unentgeltlich ausgestellt, sobald das Land bezahlt ist. Auf den Kolonieloosen läßt die Regierung eine provisorische Wohnung und einen Waldumschlag von 484 Q. Meter machen und giebt dem Kolonisten Lebensmittel für den Zeitraum von 6 — 12 Monaten, deren Betrag später zurückzuzahlen ist. Auch gewährt sie dem Mittellosen den Vorschuß der Reisekosten. Das Land und die Auslagen sind innerhalb 5 Jahre zu entrichten; nach Ablauf des Termins, und wenn keine Zahlung erfolgt ist, sind 6 % Zinsen zu zahlen.

Während drei Jahre vom Datum dieses Reglements gewährt die Regierung für diejenigen Kolonisten, welche die Privatgrundbesitzer und bekannten Landwirthe auf ihre Güter nehmen wollen, freie Ueberfahrt (aber nicht über 300 Milreis). Dies geschieht unter der Bedingung, daß die Direktion der Centralgesellschaft von der Personenzahl der Familie, der Art der Beschäftigung und von dem Ort des Etablissements Kenntniß geben. —

Die Kolonisten, welche dergleichen Engagements annehmen wollen, haben völlige Freiheit zur „Abschließung eines persönlichen Contrakts“ mit dem Gutsbesitzer; die Lohnkontrakte dürfen nur für den Zeitraum von 2 — 5 Jahren abgeschlossen werden. Nach Ablauf der Zeit sind die Kolonisten vollständig ungebunden und haben nichts dem Landbesitzer zu zahlen, als etwa die, nicht im Contrakte ausgemachten Vorschüße für Bekleidung und dergleichen. Die Arbeitszeit, incl. 2 stündiger Ruhe, darf höchstens nur 12 Stunden sein. Unterhalt, Wohnung 2c. sind umsonst, der geringste Lohn darf nicht unter 8 — 12 Milreis pro Monat betragen.

Dieses waren die Hauptgrundzüge der Kolonisationsbestrebungen; wir ersehen aus ihnen, daß sie in keiner Beziehung unmoralischer Tendenz waren. Wenn Ueberschreitungen von einer oder der anderen Seite vorgekommen sind, so liegt das nicht allein in den Grenzen der Möglichkeit, sondern sogar der Wahrscheinlichkeit; allein nur ganz unverständig muß eine Beschuldigung genannt werden, wenn sie, wie so häufig geschehen ist, behauptet, daß, „die europäischen Kolonisten nichts weiter als weiße Sklaven der brasilianischen Gutsbesitzer seien!“ Dieses sollte wenigstens kein deutscher Journalist sagen, denn damit schlägt er seiner eigenen Nationalität ins Gesicht; ich für meine Person wenigstens habe „noch keinen einzigen Deutschen in Brasilien kennen gelernt, der sich wie ein Sklave hätte behandeln lassen!“

Die Bestrebungen Brasiliens, fremde Einwanderer anzuziehen, faßten natürlich nicht eine besondere und bestimmte Nation ins Auge: Jeder, der kommen und durch seine Arbeit sich ein gutes Loos bereiten wollte, war willkommen!

Weil aber nur Wenige kamen (die Central-Kolonisationsgesellschaft hatte, wie wir bereits sahen, etwa nur 6000 Kolonisten statt der beabsichtigten 50 Tausend einzuführen vermocht), für manche Provinzen des Reichs aber der europäische Landmann einen Widerwillen hegt, ja in einzelnen, in denen des Aequators, auch nicht zu gedeihen scheint, so machte die Regierung den Versuch, asiatische Arbeiter mittelst Contrakte ins Land zu ziehen; und so sehen wir, daß das Jahr 1855 sogar Kulis und Chinesen nach Brasilien brachte, die vorzugsweise nach Bahia, Espirito Santo und Rio Janeiro gesendet wurden und dem

Kaffee-, Thee- und Zuckerbau sich widmeten oder widmen sollten.

Die Geschäfte dieser Arbeiter, das Mißglücken ihrer Arbeit, ist bekannt: und wie konnte es auch anders sein, wenn man bedenkt, daß der arbeitsame Chinese z. B. sich keine Familie in Brasilien begründen konnte, da den Frauen die Auswanderung aus China verboten ist und er menschenscheu und abgeschlossen lebt? Die Ueberreste der Chinesen, die ich im Jahre 1859 noch in der Kolonie Rio Novo (in der Provinz Espirito Santo) antraf, bestätigten mir das ziemlich allgemein angenommene Urtheil, nach welchem jene Völker des Orients nur in ihrem eigenen Lande Viel zu leisten, sich aber den Gewohnheiten und Sitten anderer Völker nicht leicht zu fügen verstehen. Die Chinesen gingen von Rio Novo fort und lebten als Fischverkäufer an den Küstenortschaften oder hielten Garküchen unter den Sklaven des Landes und fühlten sich so in ihrem wahren Elemente.

Ein gleiches Loos hat die Kulis betroffen, nicht als ob seitens der brasilianischen Bevölkerung besonders strenge Behandlung gegen sie verübt worden sei, sondern weil ihr Bildungsgrad in den meisten Fällen noch unter dem der brasilianischen Sklaven stand und ihnen auch nicht das geringste Interesse zu ihrem eigenen Fortkommen einzuflößen möglich war.

Unter der europäischen Einwanderung, welche in der dritten Kolonisationsperiode (die mit dem Jahre 1850 begann) nach Brasilien kam, war die Mehrzahl deutschen Ursprungs; und daß die brasilianische Regierung diese gerne kommen sah, bedarf darum kaum der Erwähnung, weil die Deutschen sich durch Arbeitsamkeit, Nüchternheit und Ordnungssinn vor allen übrigen einwandernden Nationen auszeichnen und bereits in Brasilien ein gutes Loos durch solche Eigenschaften erlangt hatten. Nur die Portugiesen haben an Kopfanzahl die deutsche Einwanderung übertroffen, widmeten sich aber nur in den seltensten Fällen dem Ackerbaue und entsprachen darum weniger den Absichten der Regierung.

In einzelnen Jahren indeß, wie von 1858 — 61, ist die deutsche Einwanderung, deren Durchschnittszahl etwa 3000 per

Jahr betragend hatte, bedeutend hinter den anderen europäischen Nationen zurückgeblieben, wol als Folge derjenigen Maaßnahmen, welche die preußische Regierung im Jahre 1859 gegen die Auswanderung nach Brasilien adoptirt hatte.

Eine neue Aussicht schien sich der Einwanderung nach Brasilien mit der Beendigung des Bürgerkriegs in Nordamerika zu eröffnen. Die brasilianische Regierung erhielt die Anfrage aus den Südstaaten, ob sie einer großen amerikanischen Einwanderung Unterstützung angedeihen lassen wolle, da viele dortige Grundbesitzer mit der neuen Lage der Verhältnisse nicht zufrieden wären und nach Brasilien kommen wollten. — Natürlich faßte die Regierung das Anerbieten lebhaft auf, stellte in den Vereinigten Staaten Agenten an, gewährte den Einwanderern billige Passage nach Brasilien durch Subvention der Dampfschiffslinien, ließ Ländereien, welche von amerikanischen Emissären ausgesucht und bezeichnet wurden, vermessen und that Alles, was der Einwanderung Vorschub leisten konnte. Allein der Erfolg blieb aus; außer wenigen bemittelten Amerikanern, die nach Saõ Paulo, Bahia, Pernambuco und Amazonas übersiedelten und namentlich der Baumwollenkultur sich hingaben, kamen nur „die in den großen Städten zusammengelaufenen, arbeitsscheuen Herumtreiber," die auch in Brasilien nicht arbeiten wollten, unverschämte Forderungen stellten, die brasil. Behörden oft in Verlegenheit setzten und endlich auf Kosten dieser wieder nach Nordamerika zurückbefördert werden mußten.

Hören wir, wie ein ausgezeichneter brasilianischer Statistiker, ein um die freie Kolonisation Brasiliens verdienter Beamter, der vorhin erwähnte Staatsrath B. A. Nascentes d'Azambuja, der von der kaiserl. Regierung infolge der im vergangenen Jahre in der Kolonie Moniz (Bahia) stattgehabten Vorfälle, als Commissair und Berichterstatter dorthin geschickt worden war, in seinem, an den Agrikultur-Minister gerichteten Bericht unterm 28. December v. J. über die damalige nordamerikanische Einwanderung sich ausspricht:

„. . . . Während dieser Periode, die von 1860—70 „dauerte, ereignete es sich, daß unter uns nordamerikanische Emis-

„saire erschienen, welche den Vorschlag machten, einige Provinzen „des Kaiserreichs zu durchreisen und in ihnen geeignete Ländereien „zur Anlage von Kolonien und zur Bewohnung durch ihre Lands„leute auszusuchen, die infolge des Bürgerkriegs und ihrer be„drohten Existenz auszuwandern beschlossen hätten."

„Unter solchen Umständen, welche eine neue Aera in der von „Allen sehr erwünschten freiwilligen Einwanderung in Aussicht „stellten, zeigte sich die kaiserl. Regierung entschlossen, diese neuen „Gäste soviel als möglich zu begünstigen, den Commissairen ihre „Aufgabe zu erleichtern, ihnen die Reisen zu gestatten, die Län„dereien aussuchen und sie vermessen zu lassen und den Präsi„denten der Provinzen anzuempfehlen, besondere Vergünstigungen „den Einwanderern zu gewähren."

„Auf welche Weise wurde indeß dieses zuvorkommende Be„nehmen der Regierung, der Enthusiasmus, welchen das Land „diesem Ereigniß, der lobenswerthen Aufnahme der Emissaire und „der freiwilligen, so sehr erwünschten Einwanderung zollte, belohnt? „Alle Projekte und Anschläge wurden vereitelt, denn es kamen „nur einige zehn Familien nach Brasilien, welche sich auf verschie„dene Weise installirten. Die internationale Kolonisationsgesell„schaft, die sich in der Residenzstadt unter dem Einflusse eines „allgemeinen Enthusiasmus gebildet hatte, ging infolge dieser Ein„wanderung ein, und die Regierung sah sich mit den Einwanderern „der Vereinigten Staaten nur im Besitze von eben so vielen In„dividuen ohne Garantie für ihre Brauchbarkeit; es waren größten„theils Ruhestörer, Tumultuanten und Personen aus den niedern „Klassen des Volks, häufig polizeilich Beaufsichtigte, sie kamen per „Dampfschiff von Newyork und zwar unter Mißbrauch ihrer „Contrakte."

„Mit einem Worte: diese ganze Bewegung war nur eine „traurige Episode von Niederlagen, unangenehmen Begebenheiten „und großen Opfern des Staatsschatzes!"

Wenn wir weiter in dem Berichte des Staatsraths fortfahren, so finden wir noch mehrere interessante Mittheilungen über die Maaßnahmen, welche seitens der Regierung in Bezug auf Einwanderung und Kolonisation angeordnet wurden und wie sie die dritte Periode der Kolonisatian bis auf den heutigen Tag bezeichnen. Es heißt da:

„Bald nach jenem entmuthigenden Ereignisse wurden Vor„schläge zur Einführung von englischen Einwanderern gemacht, „die unter ähnlichen Vergünstigungen nach Brasilien kommen und „in den Staatsländereien sich niederlassen wollten."

„Dieser Vorschlag, der indeß durch bestimmte Contrakte re„gulirt werden sollte, wurde angenommen, aber die Regierung er„fuhr damit ein zweites Beispiel von Täuschung. Die Emigranten, „welche zu uns kamen, wurden nach den Kolonien Cananêa und „Principe D. Pedro gesendet."

„Hier angekommen, zeigten sie sich ebenso arbeitsscheu zum „Ackerbau, ebenso exigent und streitsüchtig, wie ihre nordamerika„nischen Vorgänger und verlangten zurückgeschickt zu werden; dieses „erregte großes Mißvergnügen bei der Regierung; doch diese, um „sie dem Lande zu erhalten, wendete milde Mittel an und stellte „ihnen frei, sich andere Kolonien zum Aufenthalte auszusuchen „oder sich einer andern nützlichen Beschäftigung hinzugeben."

„Mit dem Scheitern dieser Kolonisationsversuche, wie ich sie „eben beschrieb, entschloß sich die kaiserliche Regierung, nur noch „die bestehenden Kolonien kräftigst zu unterstützen und sie der„artig vorzubereiten, daß sie als wirkliche Anziehungspunkte der „Emigration dienen könnten; für ihre Rechnung aber wollte sie „keine neuen Kolonien mehr anlegen."

„Indem sie dies Verfahren beobachtete, hielt sie es gleich„zeitig für nothwendig, den Privat-Unternehmungen zur Einführung „und Ansiedlung von Einwanderern in verschiedenen Provinzen „des Reichs Beistand zu leisten und schloß mit Bezug darauf „verschiedene Contrakte mit einheimischen und fremden Unter„nehmern ab, in denen sie letzteren den Vortheil zugestand, ihnen „die Ländereien zum geringsten Preise und auf Zeit zu verkaufen; „auch pekuniaire Mittel gab sie her, bestimmte aber, daß ein Theil „derselben zum Nutzen der Einwanderer verwendet werden müsse."

„Sie verordnete gleichzeitig, daß die Auswanderer nach Bra-

„silien vor ihrer Einschiffung schriftlich zu erklären hätten, daß sie „nicht für Rechnung der Regierung kämen, noch irgend welchen „Vertrag mit ihr hätten, bemerkte aber ausdrücklich, daß sie ihnen „jenen Schutz des Landes gewährleiste, den ein jeder, namentlich der „ordentliche und arbeitsame Fremde zu verlangen habe."

„Mit solchen Dispositionen wurden verschiedene Contrakte sei„tens der kaiserl. Regierung seit 1871 bis heute abgeschlossen und „es fängt damit eine 4te Periode der Kolonisationsbestrebungen „an ...."

„Trotz allen Anstrengungen und Opfern, welche zwar manche „günstige Resultate und das Gedeihen verschiedener Kolonien mit „sich brachten, befindet sich das große Problem der Kolonisation „noch ohne eigentliche Lösung."

„Aber man darf sich darüber nicht wundern, weil diese zu „viele und zu umfangreiche Fragen in sich schließt, weil viele Vor„lagen angenommen worden sind, die nur das Ergebniß der „Theorie und des guten Willens waren, aber in der Praxis auf „unvorgesehene und unerwartete Schwierigkeiten stießen und weil „die Ausführung derselben nicht allein von der Regierung und „den Unternehmern, sondern auch von der Mitwirkung Anderer „abhängig war, deren Unterstützung nicht den Erwartungen ent„sprochen hat."

„Außer diesen Schwierigkeiten hat man noch gegen andere „Elemente anzukämpfen; einerseits gegen die Opposition in Eu„ropa, namentlich in Deutschland, in Bezug auf Auswanderung „nach Brasilien, und anderseits gegen Unkenntniß und Unerfahren„heit im eigenen Lande ...."

„Aber auch andere Ursachen, als die oft wenig überlegten „und schlecht kombinirten Anordnungen, erschweren den guten Aus„gang der Kolonisationsunternehmungen. — Dahin gehört nament„lich die Uebereilung, mit der die Spediteure, ohne vorherige An„zeigen und ohne die höchst nöthigen Intervalle zu beobachten, „eine große Anzahl Auswanderer auf einmal herschicken; diese „aber, die noch nicht mit den hiesigen Feldarbeiten vertraut und „oft gar keine Ackerbauer sind, fühlen sich unzufrieden, verlangen

„Alles nur Mögliche und begehen häufig, wenn es ihnen nicht „gewährt werden kann, die gröbsten Excesse."

„Endlich mehren sich die Schwierigkeiten noch dadurch, daß „die Angestellten in den Auswandererländern es verabsäumen, „Atteste guter Führung und des landwirthschaftlichen Berufs seitens „der Auswanderer zu verlangen und Leute annehmen, die aus „Mangel an Arbeitslust oftmals schon ihren Gemeinden und der „öffentlichen Mildthätigkeit zur Last gefallen waren."

„Und dazu, die erste Ansiedlung noch mehr zu erschweren, „fehlt es auch nicht an Verführungen und schlechten Rathschlägen „seitens Solcher, die den Einwanderern die Nichterfüllung ihrer „Verbindlichkeiten anempfehlen und sie zu maaßlosen Forderungen „und Excessen verleiten."

„Solche Fakta haben sich zu verschiedenen Zeiten, an ver„schiedenen Orten und neulich auch in den Regierungskolonien „Cananêa, Santa Leopoldina und Assungy, sowie in den Pri„vatkolonien Muniz und Theodoro, zugetragen."

„Die kaiserliche Regierung aber, vorsorgend, wie sie es stets „gewesen ist, um die Kolonisation nicht eingehen zu lassen, wird „in ihrer patriotischen Mission nicht ermüden; sie spendet die „Mittel zur Abhilfe, schreckt vor weitern pekuniairen Opfer nicht „zurück und entsendet Commissaire nach allen denjenigen Orten, „die ihrer Fürsorge bedürfen."

„Der verständige Theil der Nation wird der Regierung und „ihren guten Absichten Gerechtigkeit widerfahren und solche selbst „im Auslande Anerkennung finden lassen. Sie wird sich durch „die Meinung Derjenigen, die Alles nur durch das Prisma des „Pessimisten betrachten, leicht entmuthigt sind und die Opfer der „Regierung als nutzlos betrachten, um so weniger beirren lassen, „als gute Erfolge — trotzdem daß Fehler und Irrthümer be„gangen worden sind — nicht in Abrede gestellt werden können. „Die Wahrheit wird immer die Oberhand über solche Elemente „behalten, welche die vortheilhafte Entwickelung der Kolonisation „in Brasilien in Frage stellen wollen."

„Wenn die Resultate darin bis heute noch nicht vollständig

„den Wünschen der Nation, nicht der Fürsorge der kaiserl. Re„gierung und den Aussichten der Unternehmer entsprochen haben, „so kann man doch mit gutem Gewissen sagen, daß nicht nur „viele der Einwanderer, sondern auch das Land selbst gewonnen „haben."

„Durch die Einführung von tausenden von Emigranten, die „auf den Kolonien oder je nach ihrem Willen, zerstreut in ver„schiedenen Theilen des Reichs leben, und durch den Zuwachs „ihrer Familien hat sich der Ackerbau gehoben und einen großen „Consum und mit ihm eine Vermehrung der Einnahmen ent„stehen lassen. — Der Wohlstand vieler Einwanderer, die Anlage „der Kolonien, der Straßen, Wege, öffentlichen Bauten, Kirchen, „und Fabriken, die mit der Intelligenz und dem Fleiße der Ko„lonisten zu verdanken sind, die Uebergänge der Kolonien in Dör„fer, Städte, Distrikte und Municipien: sie sind wirkliche Wohl„thaten und beweisen, daß die Opfer seitens des Landes nicht ver„geblich gewesen sind, wenn auch ungerechte und unverständige „Gegner dieses nicht zugeben wollen ....."

Aus obigem Berichte ersehen wir, welcher Art die Bestrebungen zur Lösung der brasilianischen Einwanderungs- und Kolonisationsfrage bisher gewesen sind, und wie wenig man der Regierung, welche die brasilianischerseits begangenen Irrthümer keineswegs in Abrede gestellt wissen will, den Vorwurf von Verletzung, Härte und absolutem Eigennutz, wie solche Beschuldigungen so oft gegen die brasil. Regierung erhoben worden sind, zu machen berechtigt ist. —

Es bleibt mir nun noch derjenigen praktischen Resultate zu erwähnen übrig, welche sich durch Anlage der Kolonien in der dritten Kolonisationsperiode Brasiliens zu erkennen gegeben haben, und die Art und Weise darzulegen, in der die Verwaltung der Kolonien geschieht und wie solche einen gewissen Einfluß auf das Loos der Kolonisten ausübt.

Ueber die Provinz Rio Grande do Sul, die in der Kolonisation mit Recht die Hauptrolle spielt, darin ihre vollständig freie Verwaltung und nur eine einzige Staatskolonie, die von

„Santa Maria de Soledade", besitzt, habe ich bereits eingehend gesprochen, so daß mir nur noch wenig zu erörtern übrig bleibt. —

Diese in Bezug auf Seehäfen von der Natur nur stiefmütterlich behandelte Provinz, welche außer der kleinen Bai von Laguna nichts von See-Häfen aufzuweisen hat, besitzt eine Einfahrt vom Meere aus nach einem großen Binnensee bei der Stadt Rio Grande, doch ist die Barre derselben und die ganze sandige Küste, welche das Fahrwasser oft wechseln läßt, der Schifffahrt gefährlich. Die Einfahrt führt sehr bald in das Binnenmeer, in die lagoa dos patos, und auf diesem wird die Schifffahrt nach den Haupttheilen der Provinz betrieben, nämlich im S. W. und W. nach Jaguaraõ (diese Stadt liegt an einem zweiten Binnensee, der mit dem ersteren, größern, zusammenhängt) und nach Pelotas und endlich im N. nach Porto Alegre, der Hauptstadt der Provinz. —

Es ist der Norden der Provinz, das Hochland, in dem wir vorzugsweise die deutsche Kolonisation suchen müssen. Hier finden wir die bedeutendsten Flüsse und die fruchtbarsten Ländereien.

Während der nördliche Theil noch reich an Urwald ist, bietet der mittlere und südliche Theil fast überall nur Grasflächen und Viehweiden dar, welche Millionen Stück Rindvieh und Pferden Nahrung geben und einen Hauptreichthum des Landes ausmachen. — Während der Eingeborene, der an ein bewegtes, kriegerisches Leben (durch die Nachbarschaft der früher spanischen, jetzt stets revolutionairen kleinen Republiken) gewöhnt ist, sich vorzugsweise der Viehzucht hingiebt, muß man den deutschen Einwanderer fast einzig als den Landmann und den Lieferanten der Produkte des Ackerbaues betrachten.

Vernehmen wir nur gleich, was derselbe liefert und exportirt und zwar im Gegensatze zu den Artikeln, die der Viehzüchter zu gleichem Zwecke in den Handel bringt. — Während dieser die Häute, Hörner, Klauen, Haare der vielen Tausend im Jahre geschlachteten Stücke Rindvieh veräußert, das Fleisch einsalzt, trocknet und zur Ausfuhr vorbereitet, baut jener, der gewöhnlich nur so viel Viehzucht treibt, als er zum Betriebe seiner Ackerwirthschaft und zum Nahrungsbedarf nothwendig hat, die verschiedenartigsten Ackerprodukte; diese sind nach den Quantitäten geordnet: Mais, Taback, Bohnen, Korn, Waizen (in den höheren Kolonien), Oelfrüchte, Kartoffeln, Flachs, europäische Gemüse und Obst, Wein, überhaupt die Erzeugnisse der gemäßigten und selbst der heißen Zone, wie z. B. das Zuckerrohr (Branntwein).

Was aber dem Deutschen immer noch einen Nebenverdienst einbringt, das ist eine größere oder geringere Thätigkeit in dem Handwerker- und Industriefache; und auch darin zeichnen sich die alten Kolonien von Saõ Leopoldo vortheilhaft aus, die in ihren Gerbereien, Sattler-, Schuhmacher-, Schlosser- und Schmiedewerkstätten, in ihren Ziegeleien, Dampfschneidemühlen, Steinhauereien u. s. w. eine große Thätigkeit entwickeln und bevorzugte Lieferanten für die Regierung sind, deren Kriegs- und Marinearsenale bei ihnen fast ununterbrochen Bestellungen auf Sättel, Kartuschen, Lanzen, Sporen, Stiefel, Lederzeug u. s. w. machen.

Deutsche Dampfschiffe, Kähne, Karren, Frachtwagen, Maulthier- und Pferdetrupps besorgen den Transport von den Kolonien nach den Marktflecken und Städten und zeugen von dem Fleiße und der Thätigkeit einer gesunden und kräftigen Bevölkerung, die sich vollständig ihres eigenen Werthes bewußt ist, dem brasilianischen Vaterlande ihre Anhänglichkeit beweist und dabei die Liebe zu der alten Heimath und zur Aufrechterhaltung ihrer Sitten und Gebräuche nicht verloren hat.

Nur Derjenige, der unter dieser Bevölkerung längere Zeit gelebt, der sich in Person von dem vortrefflichen Klima der Provinz, (welches sich in einem Temperaturunterschiede zwischen 6 bis 24 Grad Wärme R. bewegt), von dem guten materiellen Leben, das nur in den seltensten Fällen und dann auch nur momentan ein Proletariat zulassen kann, von dem gesunden Sinne, der Gastfreundschaft und Umgänglichkeit der dortigen Brasilianer, überzeugt hat, kann ermessen, wie weit alle Beschreibungen jenes gesegneten Landestheils hinter der Wirklichkeit zurückblieben und wie sehr die Deutschen Recht hatten, als sie von dem deutschen Reichstage eine

Ausnahmestellung für die Provinz in Bezug auf die Einwanderung in Brasilien verlangten. —

Betrachten wir in aller Kürze die Kolonialanlagen und die Kommunikationen in der Provinz, die heute, bei kaum ½ Million Einwohnern, und einem Flächeninhalte von fast zwei Drittheilen des preußischen Staats, etwa 60 Tausend Seelen deutschen Ursprungs in sich schließt.

In erster Linie finden wir die alten Kolonien von Saõ Leopoldo (heute ein Municipium mit mehr als 20 Tausend Seelen) mit der Stadt Saõ Leopoldo. —

Die Kommunikation mit Porto Alegre geschieht vermittelst Dampf- und Kahn-Schifffahrt (durch erstere in sechs Stunden und in 1 bis 1½ Stunden vermittelst der bereits vollendeten Eisenbahn) auf dem Rio do Sinos, und auf dem Cahy unter ähnlichen Verhältnissen.

An jene Kolonie schließt sich Neu-Petropolis (1858 gegründet, mit etwa 1500 Seelen) und durch eine gute Straße mit ihnen verbunden. Sie hat vermöge ihrer höhern Lage und der früheren, weniger günstigen Kommunikation, sich nicht sonderlich vergrößert und ist daher ihr Export hinter dem Import zurückgeblieben, so daß sie der Unterstützung der Provinzialregierung noch nicht vollständig enthoben werden konnte. —

Ein Gleiches gilt von Santa Maria de Soledade (1857 vom Grafen Montravel angelegt und im Jahre 1866 von der Regierung übernommen, weil die Gesellschaft ihren Verpflichtungen nicht nachzukommen vermochte), die einzige Kolonie, welche der Staatsregierung gehört und heute etwa 1½ Tausend Einwohner verschiedener Nationen, darum aber nicht den Aufschwung aufzuweisen hat, dessen sich die Etablissements mit rein deutscher Bevölkerung erfreuen.

Zwei Stunden von der östlichen Kolonie Saõ Leopoldos finden wir die Privat-Kolonie Mundo Novo (Hauptflecken Taquara), am Santa Maria, einem Nebenfluß des Rio dos Sinos, gelegen, 1850 gegründet, mit mehr als 2000 Einwohnern, denen es in jeder Beziehung gut geht.

Dann begegnen wir einem großen Gürtel von Kolonien, die wir zum Flußgebiete des Cahy-Flusses zu rechnen haben und zwar als Partikularanlagen: Saõ Joaõ de Montenegro (Hafen Larrangeiras), Paricy, Maratà, Saõ Benedicto, Saõ Salvador, Francesko, ferner das vorhin erwähnte S. Maria de Soledade, und endlich einen Theil der Saõ Leopoldo-Kolonien, nämlich die Pikade: Feliz und den Forromeko (alle sind in den fünfziger Jahren angelegt und haben durch Handel und Schifffahrt sich zu einem reichen Distrikt gestaltet).

Sodann kommen wir zum Flußgebiete des Jacuhy-Flußes, der aus dem N. W. und Westen kommt und sich, ebenso wie der Rio dos Sinos, der Cahy und der Gravatahy, in den, zu einem breiten Strome oder Wasserbecken sich bildenden Guahyba, in der Nähe von Porto Alegre ergießt.

An den Ufern des Taquary, eines Nebenflusses des Jacuhy, der bei Triumpho in denselben fließt, finden wir die Privatkolonien und gesegneten Landstriche von Boa Vista, Estrella und „Teutonia" (dieses ein Unternehmen deutscher Geschäftsleute, das vortrefflich zu gedeihen verspricht). Auf dem rechten Ufer des Flußes finden wir die Privatanlagen von Conventos und Mariante (1856 angelegt) und endlich die der Provinzial-Regierung gehörende Kolonie Montalverne (1859 gegründet), mit kaum 500 Einwohnern, die wol am Wenigsten zu dem Lobe beiträgt, das man der Kolonisation von Rio Grande zu machen hat. — Sie ist hinsichtlich ihrer Lage nicht gerade beneidenswerth, eben so wenig wie sie es in ihren Elementen zu sein scheint und bedarf gegenwärtig einer großen Unterstützung seitens der Provinzialregierung.

Wir gelangen nun zu den Kolonien des Rio Pardo, eines Nebenflusses des Jaouhy, der in ihn bei der Stadt gleichen Namens „Rio Pardo" mündet und bemerken hier die bereits emancipirte, auf Rechnung der Provinzialregierung im Jahre 1849 angelegte Kolonie „Santa Cruz" mit fast 6000 Einwohnern. Sie hat gute Landkommunikationen und Flußverbindung mit der Stadt Rio Pardo und namentlich einen großen Export von Taback der ungefähr jährlich auf ½ Million Milreis an Werth geschätzt wird. Die Schifffahrt auf dem Jacuhy-Fluß geschieht, wie auf dem Rio dos Sinos und Cahy, vermittelst vortrefflicher deutscher Dampfschiffe.

Endlich finden wir im Gebiete des Jacuhy-Flusses die Kolonie Saõ Angelo, die für Rechnung der Provinzialregierung im Jahre 1857 angelegt wurde und heute etwa 1400 Einwohner zählt. Sie hat Kahnverbindung und Landkommunikation mit dem Städtchen Cachoeira und erfreut sich, wie fast alle Kolonien der Provinz, eines guten Rufs. — Boca de Monte ist ein Privat-Unternehmen Deutscher im Jahre 1857 und von Saõ Leopolder Auswanderern vorzugsweise bevölkert. —

Wir haben nun noch des Unternehmens eines Deutschen, Rheingantz, und zwar der Kolonie „Saõ Lourenço“ zu erwähnen. — Sie liegt am Fuße des Taipes-Gebirges und hat mehr als 3000 deutsche Bewohner, denen es sehr gut geht, die sich aber durch beharrliches Auflehnen gegen ihren Direktor und Gründer besonders gekennzeichnet haben. Ob mit Recht oder Unrecht, lasse ich dahingestellt und erwähne nur, daß die Regierung sich genöthigt sah, einen besonderen Commissair hinzuschicken und die Landloose für Rechnung des Unternehmens neu zu vermessen, ja selbst einige notorische Aufwiegler von der Kolonie zu entfernen. — Sie hat eine sehr gute Landverbindung mit der Stadt Pelotas und gleichzeitig Wasserverbindung von der Lagoa dos patos aus.

Schließlich erwähne ich noch einmal der früher genannten und aus den zwanziger Jahren bereits stammenden, längst emancipirten deutschen Ansiedlungen von Tres Forquilhas und Torres, mit dem Städtchen Conveicas do Arroyo (Deutsche Branntweinbrenner), einer großen deutschen Seifen-, Licht- und Leimfabrik am Fluße Pelotas und der großen, zerstreuten deutschen Bevölkerung, die in den Städten der Provinz, in S. Jeronymo, Triumpho, S. Amaro, Rio Pardo, Saõ Borja, Alegrette, S. Gabriel, Cachoeira, Urnynayana, Itaquī und Cruz Alta leben, sich dem Ackerbau, dem Handwerke und dem Handel hingeben und mit der brasilianischen Bevölkerung in so großer Sympathie leben, daß selbst von letzterer Kolonieanlagen mit „Bismarck“ und „Neu-Berlin“ benannt worden sind. —

Die Provinz Rio Grande do Sul, die zwischen dem 27° und 33° südlicher Breite liegt und sich mit seinen gebirgigen Hochplateaus im Norden an die Provinzen Santa Catharina und Parana anlehnt, hat eine regelmäßige Dampfschiffsverbindung mit der Reichshauptstadt Rio de Janeiro und treibt einen sehr bedeutenden Seehandel. Ich bemerke hier, daß die Dampfschiffe von jener Hauptstadt (mit Anlage in Desterro, der Hauptstadt der Provinz Santa Catharina) bis nach der Stadt Rio Grande etwa 5 Tage, von hier bis Porto Alegre 24 Stunden, Reisezeit gebrauchen und daß endlich eine elektrisch-telegraphische Verbindung zwischen ihr und der Hauptstadt Brasiliens schon seit vielen Jahren besteht und in neuer Zeit Fortsetzung nach dem Innern und den südlichen Nachbarländern gefunden hat.

Die Schwierigkeit des Wassertransports über die Barre vor der Stadt Rio Grande do Sul ließ schon lange eine Eisenbahnverbindung des Nordens der Provinz mit der von Santa Catharina wünschen; daß ein solches Projekt nicht schon früher, als erst in der Neuzeit — und zwar im Interesse der Kolonisation — seitens der kaiserl. Regierung genehmigt worden ist, liegt wol in dem Umstande, daß mit der Herstellung einer solchen Landverbindung die Stadt Rio Grande und die Schifffahrt fast ohne Bedeutung werden dürfte, zu deren Gunsten eine heftige Opposition sich in den brasilianischen Kammern gebildet hatte.

Was die Provinz Santa Catharina betrifft, so sind deren klimatische und landwirthschaftliche Verhältnisse im Allgemeinen mit denen des Nordens von Rio Grande ziemlich übereinstimmend, so daß der deutsche Einwanderer und Kolonist kaum nöthig hat, sich erst zu aklimatisiren; aber die Art des Landbaus ist hier, wie überall, wo der zu kultivirende Boden erst dem Urwalde abgenommen werden muß, eine andere wie in Deutschland und erfordert einige Jahre großer Anstrengung und Mühe, sowie Entbehrung seitens der Ansiedler. —

Der Ackerbau in Santa Catharina kann ebenso wenig, wie

in Rio Grande, woselbst nur die Kamp- (Gras-) Gegenden und die weniger waldreichen Distrikte eine Ausnahme bilden — mit dem Pfluge betrieben werden, sondern er tritt erst dann ins Leben, wenn die Stumpfe und Wurzeln der großen Bäume vollständig beseitigt sind; bis dahin ist er nur durch Schippe und Hacke zu betreiben, ernährt aber in vollständigstem Maaße seinen Unternehmer.

Die Provinz überschreitet in ihrer größten Längenausdehnung vom N. nach dem S. kaum 2 geogr. Grade, d. h. sie liegt zwischen dem 26 und 28° südl. Breite, hat eine große Anzahl von Häfen, von denen der auf der Insel Desterro, einer 6 Meilen langen Landstrecke, auf der die Hauptstadt der Provinz Desterro liegt, der wichtigste und Flottenstationshafen ist. Nach ihm bemerken wir die Häfen von Saõ Sebastiaõ, Porto Bello, die Barre von Itajahy und Saõ Francisco (Städtchen Joinville); die letzteren sind Einschiffungs- und Stapelorte für die Kolonien Blumenau, Itajahy und Donna Francisca.

Die deutsche Bevölkerung der Provinz, die sich einer vortrefflichen Gesundheit erfreut, vom Ackerbau, etwas Viehzucht und in den Städten vorzugsweise vom Handwerke lebt, dürfte die Zahl von einigen zwanzigtausend Seelen wol nicht überschreiten.

Ihre ältesten Ansiedelungen treffen wir in S. Amaro und S. José, zwei kleinen Städtchen auf dem Festlande und nicht weit von Desterro, an und kommen dann gleich zu den Kolonien Saõ Pedro de Alcantara, einer wohlhabenden, von Deutschen bewehrten Ansiedlung, die 1829 gegründet wurde und längst emancipirt ist. Die Bewohner derselben, etwa 1100 — Seelen stark, leben vom Ackerbau und Viehzucht. Die Produkte des ersteren sind, wie sie fast durchgängig auf allen Kolonien der Provinz erzeugt werden: Mais, Bohnen, Mandioka, Reis und Zuckerrohr, und in untergeordneter Beziehung auch Kaffee und Baumwolle. — Auch mit der Gewinnung des Matté (eines Holzthees, der von den feinen Aestchen und Zweigspitzen des Mattébaums gewonnen wird und ein gesundes, beliebtes Getränk der Brasilianer ist), beschäftigen sich jetzt vortheilhaft die deutschen Kolonisten.

Wir finden in zweiter Linie, nordwestlich von Saõ Pedro de Alcantara, die Nationalkolonie Angelina, welche aus der Provinzialkasse unterhalten wird und etwa 1300 Seelen, nicht deutscher Bevölkerung hat.

Südlich von dieser finden wir die Kolonie „Santa Izabel“ (1847 gegründet) und Theresopolis (1860 angelegt), von denen eine etwa 10 Meilen lange Landstraße über S. Amaro nach S. José (einem Desterra gegenüberliegenden Hafenorte) führt. — Die Einwohnerzahl beider Kolonien übersteigt nicht die von 2000 Seelen.

Nördlich von Angelina, im Flußgebiete des Rio Tijucas (Hafenort Saõ Sebastiaõ) bemerken wir die Kolonie Principe D. Pedro (1866 von Amerikanern aus Newyork angelegt und anfänglich ohne gute Entwickelung) und die Kolonie Itajahy (im Flußgebiete des Itajahy merim), auch „Brusque“ genannt. —

Alle beide erfreuen sich gegenwärtig, nachdem sie unter eine gemeinschaftliche Direktion gestellt wurden, eines guten Gedeihens und haben zusammen 2166 Einwohner, von denen etwa $1/_{3}$ Protestanten und die überwiegende Mehrzahl Deutsche sind. —

Unter den landwirthschaftlichen Anlagen der Kolonie bemerken wir 34 Zuckermühlen und Branntweinbrennereien, viel Mandioka- und Maismühlen. Die Hauptausfuhr der Kolonien besteht aber in Hölzern und Brettern, behufs derer mehrere Sägemühlen etablirt sind.

Die Straße von den Kolonien nach dem Städtchen Itajahy geht seiner Vollendung entgegen.

In nördlicher Richtung von Itajahy kommen wir zur Kolonie Blumenau, die ebenso wie die vorige, auf Kosten der Centralregierung in Rio Janeiro verwaltet wird. Sie liegt am Itajahy-Flusse und war bekanntlich Privatunternehmen des gegenwärtigen Direktors Dr. Blumenau aus dem Jahre 1850.

Die 7000 Seelen starke Bevölkerung lebt vom Mais-, Bohnen-, Zuckerrohr-, Kaffee- und Baumwollenbau, von Butter- und Käsefabrikation und ist wohl zufrieden mit ihrer Lage, trotzdem daß die gehässige Journalistik der Neuzeit, wie wir später sehen werden, das Gegentheil hat beweisen wollen.

Der Anfang zu einer Straße nach dem Gebirge (Serra), die in die Straße von Lages einmünden soll, ist gemacht und hat viel Bedeutung für die weitere Entwickelung der Kolonie, ja sie ist, wie der Präsident der Provinz Santa Catharina in seinem Berichte an die Regierung sagt, Hauptbedürfniß ihres Gedeihens. Die Straße von Saõ Pedro Apostolo, die Verbindungslinie zwischen der Kolonie und dem Städtchen Itajahy ist bereits weit vorgerückt.

Die Provinzialversammlung hat die Präsidentur zur Ausgabe eines Privilegiums auf 20 Jahre an eine Dampfschifffahrtsgesellschaft auf dem Itajahy=Fluße und dem Meere bis nach Desterro hin, autorisirt, doch scheint es im Interesse der Kolonien zu liegen, daß dasselbe nicht ausgebeutet, sondern dafür eine Subvention seitens der Regierung angestrebt werde, weil sonst die Wohlthat der Concurrenz verloren ginge.

Sobald in der Kolonie D. Francisca, zu der wir nun kommen, die Straße fertig sein wird, welche über das Gebirge noch hinausgeführt werden soll, sobald die von S. Pedro Apostolo vollendet und auf dem Fluße eine regelmäßige Dampfschifffahrt eingerichtet sein wird, kann man mit Recht hoffen, daß Donna Francisca und Blumenau sich zu den mächtigsten Anziehungspunkten für die freiwillige Einwanderung gestalten werden.

Donna Francisca, 1851 von der Hamburger Kolonisationsgesellschaft gegründet und von der brasilianischen Regierung subventionirt, liegt unfern des Saõ Francisco=Flusses, einer Bai, die durch die Insel gleichen Namens gebildet ist und mit dem kleinen Saguassu=See in Verbindung steht; in diesen ergießt sich der kleine Cachoeira=Fluß und an ihm liegt das Städtchen Joinville, das ganz in der Nähe der Kolonie, auf ihm deren Export betreibt.

Der wichtigste Verbindungsweg wird aber die Fahrstraße sein, die von der Kolonie nach dem Flusse Rio Negro und nach einem gleichnamigen Städtchen führen soll; an derselben wird fleißig gearbeitet und soll sie die wichtigste Verbindung mit der Provinz Paranà herstellen. Die Kolonie selbst hat über 6500 deutsche Einwohner, ist in vortrefflichem Zustande und verspricht, da ihr zur größern Ausdehnung noch weitere, als die früher von dem Prinzen Joinville bewilligten Ländereien überlassen werden sollen und große Steinkohlenlager in der Nähe des Tubaruõ-Flusses entdeckt worden sind, eine außerordentliche Entwickelung und gute Zukunft.

Zum Schlusse erwähne ich noch, daß die Dampfschiffe von Rio Janeiro nach Desterro $2^1/_2$ bis 3 Tage Reisezeit gebrauchen, daß eine direkte Segelschifffahrt zwischen dem Saõ Francisco-Flusse und Europa stattfindet und daß die projektirte Eisenbahnverbindung zwischen den Provinzen Santa Catharina und S. Pedro de Rio Grande do Sul eine Aussicht für die deutsche Kolonisation eröffnet, die wol das Interesse und die Aufmerksamkeit der diesseitigen Regierung in Anspruch nehmen dürfte.

Wir kommen zu einer dritten Provinz, deren Entwickelung am Wenigsten dem deutschen Auge verschleiert bleiben sollte, weil sie noch günstigere Verhältnisse als Santa Catharina in sich schließt und der deutschen Einwanderung große Vortheile zuwendet.

Die Provinz Paranà umfaßt den Norden und Westen der vorigen Provinz und grenzt im Süden mit der von Rio Grande do Sul zusammen. Sie besitzt die sehr guten Häfen von Antonina und Paranagua (in den gleichnamigen atlantischen Meeresbuchten) und bildet ein Hochland, mit östlichem Abfalle bis fast ans Meer, das sich eines vorzüglichen, gemäßigten Klimas, großer Grasflächen, mit hochstämmigem Urwalde abwechselnd, und aller Bedingungen erfreut, die zur Kolonisation geeignet sind. Dennoch hat sie bisher nur eine geringe Einwanderung gehabt und würde ich ihrer und der einzigen Kolonie Assungy kaum Erwähnung thun, wenn sie nicht Bedingungen in sich schlöße, die so vortheilhaft von der deutschen Emigration zu benutzen wären. Die nächste Umgebung der Hauptstadt Curitiba, die auf dem Plateau, 10—15 Meilen von den vorhingenannten Hafenplätzen entfernt, liegt, macht sich durch Ansiedlung von Deutschen bemerkbar, die Viehzucht, Acker- und Gemüsebau, namentlich die Kultur von Erbsen und Gerste, sowie Obstbau, treiben und endlich das eigentliche Depôt für Fuhrwesen der Provinz in Händen haben. Die durchaus befriedigende Lage dieser Bevölkerung, die in wohlangelegten und eingezäunten kleinen Besitzungen wohnt, flößt um so größeres Interesse ein, als ein Theil derselben den früheren Parceriakolonisten in Saõ Paulo angehört und diese hier bewiesen haben, wie sehr dem Deutschen ein eigenes Besitzthum zu seinem Glücke nothwendig ist.

Die Kolonie Assungy, der Staatsregierung gehörig, liegt 10 Meilen von der Hauptstadt entfernt, wurde 1860 von 5 deutschen Kolonistenfamilien angelegt, hat kaum 500 Bewohner verschiedener Nationalitäten und wird erst von einiger Bedeutung werden, sobald die im Bau begriffenen Straßen, (unter denen die „Graciosa Straße," die nach der Provinz Matto-Grosso führen soll und in sofern bemerkenswerth ist, als sie viele Arbeiter anzieht) erst den Verkehr besser regeln und erleichtern werden. Kolonisationsversuche mit Engländern und Amerikanern haben der Kolonie keinen Aufschwung geben können, sondern nur dazu beigetragen, die brasilianische Kolonisation in den Augen der europäischen Presse zu verdächtigen. — Auch die kleine Privat-Kolonie Santa Theresa, mit 450 Brasilianern, 17 Franzosen und zwei Deutschen, unter Direktion eines deutschen Direktors hat bisher noch Nichts thun können, um der dortigen Kolonisation einen bessern Namen zu geben, trotzdem daß die geographischen, klimatischen und Aegrarverhältnisse der Provinz vortrefflich sind.

Die Provinz Paranà hat eine regelmäßige Dampfschifffahrt mit Rio de Janeiro und mit Desterro vermöge der Linien, die zwischen diesen beiden Städten seit langer Zeit bestehen. —

Die Provinz Saõ Paulo liegt im Norden der Provinz Paranà, ist einer derjenigen brasilianischen Landestheile, in dem der deutschen Emigration auch eine gute Zukunft erwartet; und wenn in ihr bereits der Kaffee und Baumwollenbau, diese Produkte der heißgemäßigten Zone, mit denen die Phantasie des Europäers gewöhnlich ein unerträgliches Klima in Verbindung bringt, die meist bevorzugten Kulturerzeugnisse sind, so ist dadurch, daß dies Gewächse der heißen Zone sind, noch keineswegs ohne Weiteres zu folgern, daß deren Gewinnung dem deutschen Landmanne besonders schwer werden dürfte.

Die Provinz, die in ihren Hochplateaus ein sehr gutes und gesundes Klima besitzt, ist schon von vielen Deutschen bewohnt, und unter ihnen bemerken wir eine Ansiedlung, die bereits aus dem Jahre 1822 stammt und von dem Kaiser D. Pedro I. mit rheinischen Landleuten angelegt wurde; es ist das Städtchen S. Amaro, früher Kolonie gleichen Namens. Auch in der Hauptstadt, die den Namen Saõ Paulo führt, leben viele Deutsche; ebenso in Campinas und in der Hafenstadt Santos. Von dieser bedeutenden Handelsstadt, die auch von der Hamburger Dampfschiffslinie berührt wird, führt eine Eisenbahn auf das Plateau, nach der Hauptstadt und von derselben nach Jundiahy und weiter bis nach Campinas und soll bis nach Joaõ do Rio Clara für Rechnung der Provinz verlängert werden. Auch an diesem Orte finden wir viele Deutsche, unter ihnen manche, die sich früher als Parceriakolonisten auf den Kaffeeländern des Senators Vergueiro niedergelassen hatten. — Wir befinden uns hier und in weiterer nordöstlicher und südlicher Richtung, in Limeira und Constituicaõ in den großen Kaffeedistrikten der Provinz, welche alle die Ausfuhr ihrer Produkte über Santos betreiben.

Eines andern, aber viel unbedeutenderen Hafens ist noch Erwähnung zu thun, des von Iguape und eines gleichnamigen Städtchens, an dem sogenannten „kleinen Meere“ liegend, und ebenso der Bai von Cananêa. — Drei Legoas oder 2 deutsche Meilen von diesem ziemlich bedeutenden Binnensee liegt die Kolonie Cananêa, die einzige Staatskolonie der Provinz Saõ Paulo.

Die Anlage der Kolonie, deren Bewohner größtentheils Engländer sind und deren Anzahl 500 wol nicht überschreitet, ist, trotzdem daß die Ländereien sehr fruchtbar sind, keine günstige zu nennen, denn es ist in dem ziemlich niedrigen und nur hügeligen Küstenlande schon recht warm. Die Bewohner haben sehr häufig gewechselt und darum ist von einem Fortschritte der Kolonie niemals die Rede gewesen; ja mehr noch, die Erhaltung und Vergrößerung derselben hat in neuerer Zeit sehr zur Verunglimpfung der brasilianischen Kolonisation beigetragen. —

Wie ich bereits zu bemerken Gelegenheit hatte, ist der Kaffee- und Baumwollenbau die Hauptbeschäftigung der dortigen Einwohner. Trotz des fühlbaren Arbeitermangels ist die Kaffeeausfuhr der Provinz gestiegen. Dieses liegt darin, daß die Kaffeepreise nimmer mehr in die Höhe gegangen sind und daß ein Theil der Arbeiter, der früher zum Transporte gebraucht wurde und durch die Anlage der Eisenbahn vermindert werden konnte nun dem Kaffeebau zu gute kommt. Eine gewisse Concurrenz hat dem Kaffee die Baumwolle gemacht, die vor dem nordamerikanischen Bürgerkriege in der Provinz gar nicht gepflanzt, später aber, namentlich als die nordamerikanischen Häfen bloquirt waren, mit Eifer betrieben wurde und von da ab sehr bedeutende Resultate geliefert hat. — Unter den Baumwollenpflanzern in Saõ Paulo zeichnen sich einige Amerikaner aus, die nach Beendigung des Kriegs aus dem Süden der Union nach Brasilien kamen und die wenigen guten Ausnahmen von der nordamerikanischen Einwanderung bilden, von der ich früher zu berichten Gelegenheit hatte.

Der Kolonisationsversuche in der Provinz Rio de Janeiro habe ich bereits früher gedacht, und da die dritte Periode der Kolonisationsgeschichte für diese Provinz nichts aufzuweisen hat, so gehe ich sogleich zu der Provinz Espirito Santo, als zu derjenigen über, die bis in die Neuzeit der europäischen Einwanderung unterworfen gewesen ist.

Die Provinz Espirito Santo hat in ihrer ganzen Längenausdehnung vom N. nach dem S. kaum mehr als drei geograph. Grade und in ihrer Breite nur einen Grad und liegt schon in der heißen Zone, zwischen dem 18 und 21° südlicher Breite. Dennoch ist das Klima in dem gebirgigen Hochlande ein sehr gemäßigtes und gesundes, aber in den Küstenebenen ein sehr warmes und an den sumpfigen Ufern des Hauptstroms, des „Rio Doce,“ selbst ein ungesundes.

An Häfen hat die Provinz keinen Mangel, denn außer dem sehr guten von Victoria (in der Bai von Espirito Santo), besitzt sie die kleineren von Guapary, Benevent, Itapemirim und die Barren und Flußeinfahrten von Santa Cruz, Rio Doce und Saõ Mattheus. — Der größte Theil des Landes ist mit dichtem Urwalde bedeckt, in dem freilich wilde Indianerstämme herumstreichen, doch haben diese noch niemals die Ansiedlungen oder Kolonien angefallen. Leider sind Anfälle einzelner Personen und Ansiedlungen durch die Indianer in den Provinzen Santa Catharina (Kolonie Blumenau) und in Rio Grande do Sul (die Kolonie von Saõ Leopoldo) vorgekommen, doch ziehen sich alle diese wilden Stämme immer mehr in das Innere zurück, sobald die Kultur des Bodens und die Ansiedlungen fortschreiten. — Man hat seit längerer Zeit alles Mögliche versucht, um die Bekehrung und Civilisation der Wilden, die unter der Kolonialherrschaft nur sehr nachlässig betrieben worden war, zu fördern, dennoch ist sie im Ganzen nur von geringem Erfolge gewesen.

Das gewöhnlich befolgte Bekehrungssystem (catechese) besteht darin, die Wilden in großen Dörfern anzusiedeln, wo sie dem apostolischen Einflusse der Missionaire (Kapuziner und Franziskaner Mönche) überlassen sind und die Gewohnheiten des nomadischen Lebens allmälig ablegen, dagegen die Liebe zur Arbeit und das Gefühl des in ihnen erweckten Eigenthumrechts annehmen sollen. Man bedient sich zu dem ersten Heranziehen der Wilden gezähmter Indianer (capitaõ de matto), die unter ihren Stämmen anwerben und Geschenke vertheilen, freilich oft genug sich selbst den Grausamkeiten ihrer Landsleute aussetzen und dann blutige Rache nehmen.

Die Ansiedlungen (aldeamentos), anfänglich durch Missionaire geleitet, gehen später in die Verwaltung weltlicher Direktoren über; doch sind, wie gesagt, alle Versuche der catechese bisher nur von geringem Erfolge gewesen.

In der Provinz Espirito Santo war ein „Aldeamento,“ (Indianerdorf), das von Dom Affonsino, vor mehr als zwanzig Jahren bereits im besten Gange, hatte eine hübsche Kapelle, viele Indianerwohnungen, Wirthschaftsgebäude und bedeutende Pflanzungen; doch war es zur Zeit meines dortigen Aufenthalts, zu Anfang der sechsziger Jahre, bereits vollständig verlassen.

Ich erwähnte schon früherhin, daß die Provinz Espirito Santo die ersten freien Kolonisten, Portugiesen, aus dem Jahre 1812 aufzuweisen hat. Das Jahr 1847 brachte die ersten deutschen Ackerbauer, Rheinpreußen und Hessen-Darmstädter, nach der Provinz; mit ihnen, etwa 170 Köpfe stark, wurde für Rechnung der Staatsregierung die Kolonie „Santa Izabel,“ etwa 6 Meilen von der Hauptstadt Victoria (diese auf einer Insel gelegen) und etwa 2 Meilen hinter der portugiesischen Ansiedlung Vianna, angelegt. — Später, in den Jahren von 1858 bis 1862, bekam sie neue Zusendungen von Kolonisten, und gedieh die Ansiedlung sehr gut, so daß sie bereits 1865 — leider etwas zu frühe — emancipirt wurde und augenblicklich zählt sie wol nicht mehr als 1000 Einwohner, die vorzugsweise vom Kaffeebau leben und, zufolge neuer Nachrichten, sich in guten Verhältnissen befinden. Zwar fehlt der Kolonie die Wasserverbindung, doch hat sie bis nach der Hafenstadt eine gute Landkommunikation, auf der der Waarentransport im Laufe eines Tages, aus den entfernten Kolonien aber in $1\frac{1}{2}$ Tagen zu bewerkstelligen ist.

Eine weitere Kolonie der Provinz ist die von „Santa Leopoldina,“ am S. Maria-Flusse gelegen (nur für Kähne schiffbar), die im Jahre 1855 mit Schweizern und Deutschen, ebenfalls für Rechnung der Centralregierung angelegt wurde. Sie zählt gegenwärtig 3000 Einwohner, die verschiedener Nationalität, in überwiegender Mehrzahl aber Deutsche, sind; dann folgen Schweizer, Holländer, Irländer u. s. w., die sämmtlich vom Kaffeebau leben, daneben auch andere Artikel, wie Zuckerrohr, Mais, Bohnen, ja selbst Kartoffeln, produziren. — Weit mehr infolge fehlerhafter technischer Arbeiten seitens einiger, oft wechselnder Ingenieure und Direktoren und der bunten, zusammengewürfelten, oft sehr arbeitsscheuen Koloniebevölkerung, als wegen wirklich schlechter Bodenbeschaffenheit, hat dieses Etablissement häufig eine ungünstige Kritik erfahren, die namentlich im vergangenen Jahre sehr vernehmlich sich durch die europäische Presse zu erkennen gab. Die Zukunft wird lehren, inwieweit die ungünstigen Nachrichten von jener Kolonie begründet sind und inwiefern das Mißglücken der letzten Kolonieerweiterung dem Unternehmen zur Last zu legen ist. —

Endlich haben wir einer dritten Kolonie, der von „Rio Novo“ zu gedenken, eines Privatunternehmens aus dem Jahre 1856, das mit Schweizern und Deutschen unternommen wurde, wegen Mangel an Mitteln bereits im Jahre 1861 in die Hände der Central-Regierung überging. Aus den Reisebeschreibungen und Berichten des Herrn von Tschudi werden den Lesern die Gründe bekannt sein, die der ersten günstigen Entwickelung der Kolonie, welche sich nicht allein eines gesunden Klimas, sondern auch vortrefflicher Ländereien erfreut, entgegenstanden; heute hat sie etwa 1000 Einwohner, von denen man eben so wenig, wie von der Kolonie selbst, seitens der Presse zu hören bekommt: und dieses scheint mir der beste Beweis für ein gutes Gedeihen des Etablissements zu sein, von dem ich schließlich erwähne, daß es im Süden der Provinz, an dem Rio Novo, einem Nebenfluß des Rio Piume (letzterer ergießt sich in den atlantischen Ocean und hat einen guten, wenn auch nur kleinen Hafen) liegt und nur in einer seiner beiden Abtheilungen, in dem zweiten Kolonieterritorium, zu Koloniezwecken benutzt worden ist.

Indem ich mit den Kolonien der Provinz Espirito Santo und ebenso mit dieser schließe, habe ich nur noch eines Kolonieunternehmens zu erwähnen, das wir in der Provinz „Minas Geraes“ finden und dessen frühere Geschichte ebenfalls den Lesern aus den vortrefflichen Schriften des Herrn Dr. R. A. Lallemant und des Herrn von Tschudi bekannt sein wird.

Es ist die Kolonie „Mucury“, die 1851 von einer Privatgesellschaft gegründet wurde, aber — aus ähnlichen Gründen, wie sie bei Rio Novo geltend wurden — im Jahre 1861 in die Hände der kaiserlichen Regierung überging.

Die Grundidee für die Anlage dieser Kolonien, zu denen

man Phliadelphia, Urucu und Santa Clara als Unterabtheilungen rechnen muß, war, eine Verkehrsstraße von dem Atlantischen Ocean (ein kleiner Küstenstrich der Provinz Minas Geraes reicht nämlich bis an diesen) nach dem Innern der Provinz, nach dem reichen Distrikt von Diamantina, herzustellen und den Mucuryfluß, der bei S. José de Porto Alegre (etwa unterm 18° südl. Breite) sich ins Atlantische Meer ergießt, dabei zu benutzen. Dieses ist denn auch bis Santa Clara möglich gemacht; von hier aber führt eine Straße weiter bis nach Philadelphia, einem Oertchen, das etwa 40 Meilen von der Meeresküste entfernt liegt.

Die Einwohnerzahl der Kolonie hat mit der Zeit abgenommen, so daß sie heute etwa nur 700, fast durchgängig Deutsche, beträgt, die vom Kaffee-, Bohnen-, Kartoffel- und Zuckerrohrbau, sowie von Vieh- und Geflügelzucht lebt, gegenwärtig sich aber in bessern Verhältnissen, als früher, befindet.

Endlich erwähne ich noch der Privat-Kolonie Dom Pedro II, eines Unternehmens der Gesellschaft „Uniaõ-Industria", die von Petropolis (Provinz Rio de Janeiro) eine vortreffliche Kunststraße mit eisernen Brücken bis nach der Provinz Minas Geraes anlegte, um den Kaffee-Transport beider Provinzen zu erleichtern, die aber — infolge der Vermehrung und Verlängerung der Eisenbahnen in ersterer, gegenwärtig fast überflüssig geworden ist.

Die Kolonie selbst, die 1857 mit einigen Arbeitern jener Straße angelegt wurde, 1864 eine praktische Ackerbauschule durch Subvention der Regierung erhielt, ist unbedeutend, da sie nur über geringe Ländereien zu gebieten vermochte. —

Werfen wir nun, nachdem die praktischen Erfolge der Kolonisationsbestrebungen Brasiliens beleuchtet worden sind, unsern Blick auf die Art und Weise, in der die Einwanderung herangezogen worden ist und wie sie so sehr Gegenstand der bittersten Kritik seitens der Presse gewesen ist.

Ich erwähnte bereits, daß in Deutschland die Anwerbungen von Einwanderern für Brasilien verboten sind, daß also nur durch Vermittlung geheimer Agenten jene durchgeführt werden konnten und damit ein Uebel begangen worden ist, das sich oft genug, meist aber stets zu Ungunsten Brasiliens, rächte.

Wir haben ebenso ersehen, welcher Klasse die deutschen Auswanderer nach Brasilien angehörten, wie diese, gänzlich mittellos, das Vaterland verließen, Vorschüsse annehmen und die diesseitigen Behörden täuschen mußten, blos um einen Auswanderungsconsens zu erlangen: und da muß man denn gestehen, daß in Anbetracht dieser Umstände und eines weitern — wonach die Emigranten ausländische Häfen, wie Antwerpen, Havre, Dünkirchen u. s. w. aufzusuchen und von fremden Eisenbahnkompagnien erst Ermäßigung in den Passagepreisen zu erlangen hatten, die ihnen das eigene Vaterland vorenthielt — es als Wunder zu bezeichnen wäre, daß diese Leute in der allergrößten Mehrzahl ein so günstiges Loos in Brasilien zu erzielen vermochten, wenn man überhaupt nicht Kenntniß von dem loyalen und wohlthätigen Sinne der brasilianischen Regierung hätte!

Den Auswanderern nach Brasilien, die in früherer Zeit nicht die Passagedifferenz zwischen Nordamerika und Brasilien geschenkt erhielten, wie es heute der Fall ist, wurde durch die Agenten in Deutschland die Passage vorgeschossen und darüber mußten sie Contrakte mit den Schiffsrhedern oder Unternehmern eingehen, die, obgleich von den brasilianischen Behörden attestirt, oftmals von nicht redlich denkenden Kolonisten desavouirt wurden und den dortigen Behörden viel Plackereien verursachten. —

In Brasilien angekommen wurden die Kolonisten in den Logierhäusern der Hauptstädte untergebracht und verpflegt und dann nach den Provinzen und den Kolonien befördert, für welche sie sich bestimmt hatten.

Auf den Kolonien empfingen sie ihr Land, dessen Flächeninhalt bereits vermessen war, und erhielten, je nach Bedürfniß für den Zeitraum von 6 bis 12 Monaten Lebensmittel (auf Verlangen der Kolonisten den entsprechenden Geldbetrag), stets freie ärztliche Pflege und durften an den öffentlichen Arbeiten gegen Empfangnahme eines reichlichen Salairs (von 1 bis 1½ und 2 Thaler täglich) Theil nehmen, waren aber verpflichtet, die Auslagen für die Lebensmittel auf der Kolonie und die Reisepassage von Europa bis zum ersten brasil. Hafen, wenn sie diese nicht bezahlt hatten, zurückzuerstatten und endlich ihr Land (gewöhnlich 6 Silbergroschen pro Morgen) innerhalb 5 Jahre zu bezahlen.

Diese letztere Clausel ist nur in den seltensten Fällen und nur dann von Seiten der Kolonisten erfüllt worden, wenn diese ihr Land, das ja immer einen viel höhern Werth als den von der Regierung festgesetzten Kaufpreis hat, an andere, mit Geldmitteln versehene Personen verkaufen konnten.

Ueberhaupt muß man der brasil. Regierung nachsagen, daß sie in Anbetracht des Geldpunktes stets human und generös war und fast niemals von ihren Rechten, die sie darin an die Kolonisten hatte, Gebrauch machte; ja sie hat durch überreiche Spendung von Mitteln und Nachsicht, die der dortigen Nation für fremde Leiden so eigen ist, gewissermaaßen dazu beigetragen, daß mancher Kolonist erst später zu der Erkenntniß kam, wie sehr man auch in Brasilien arbeiten und die erste schwere Zeit mit Sparsamkeit und großem Fleiße überwinden müsse, bevor man an eine sorgenfreie Existenz denken könne.

Eine jede Kolonie hat ihren besonderen Direktor, der in der Regel gleichzeitig Ingenieur sein muß und neben der Verwaltung auch die in sein Fach schlagenden Arbeiten, wie Landvermessung, Anlage der Wege und Kommunikationen, Bau der Brücken, Straßen, Kirchen und öffentl. Gebäude &c. auszuführen hat.

Die größeren Kolonien haben ihren besonderen Arzt, Schullehrer, einen katholischen und evangelischen Geistlichen; diese sind sämmtlich Beamte der Regierung und von ihr besoldet. —

Die Kolonisten sind einem Reglement unterworfen, das seit 1867 dem Direktor einen Verwaltungsrath, der aus den Mitgliedern der Kolonie gewählt wird, beifügt und der in allen Fällen von einiger Wichtigkeit entscheiden muß.

Sobald nach Verlauf vieler Jahre die Kolonie so weit ist, daß sie nicht mehr der Unterstützung bedarf, so scheidet sie aus dem Kolonieverbande aus und geht in das zunächstliegende Municipium (Landkreis) über, oder formirt ein eigenes, wie es z. B.

mit dem von Saõ Leopoldo in der Provinz Rio Grande do Sul der Fall ist, das wenigstens 26000 Seelen hat.

Die Unternehmungen der Provinzialregierungen und Gesellschaften beruhen auf ähnlichen, oder vielmehr gleichen Principien, nur daß, statt der Staatsregierung, die Unternehmer die Mittel hergeben müssen. Da alle diese Unternehmungen, wie wir sie in der Neuzeit haben sich wiederholen sehen, den Zweck verfolgen, in kurzer Zeit gute Dividenden abzuwerfen, dieses aber unmöglich ist, da keine Kolonisten mit Mitteln kommen, so bedürfen sie fortdauernd des Zuschusses und der Unterstützung der Regierung; in der Versäumniß der Zeit, deren die Regierung naturgemäß bedarf, um Kenntniß und Einsicht von dem Stande der Angelegenheit zu nehmen, liegt wol der Grund zu der ungerechten Beschuldigung, nach welcher die Regierung sich nicht der hilfsbedürftigen Einwanderer annähme!

Da die Zunahme der Bevölkerung für Brasilien eine der Hauptlebensfrage geworden ist, so wendet die Regierung Alles auf, um solche zu erzielen; indem sie theils mittelst gewisser Vergünstigungen die Einwanderung fleißiger und wohlgesitteter Einwanderer erleichtert, theils die nothwendige Sorge trägt, daß letztere bei ihrer Ankunft keine Entbehrungen und Plackereien erfahren, leistet sie dem Einwanderer schon bei den ersten Schritten ihren vollen Rath und Beistand.

Außer den, den Einwanderern und Kolonisten gewährten Erleichterungen zum Erwerb des Bürgerrechts, ist ein Transportreglement ausgefertigt worden, durch welches sie während der Reise nach dem Reiche schon gegen schlechte Behandlung in Schutz genommen werden.

Dies Reglement ist seinen Verordnungen nach eine Kopie der in den meisten Häfen Europas adoptirten Maaßregeln. Es bestimmt das genaue Verhältniß zwischen der Zahl der Passagiere und dem Tonnengehalt des Schiffs, das sie herüberführt, den einem jeden Individuum bewilligten Raum, die Quantität und Qualität der Lebensmittel an Bord, die Einrichtungen im Zwischendecke, die Gesundheits- und Polizeimaaßregeln und die Geldstrafen, worin die Kapitaine verfallen, welche gegen die vorgeschriebenen Verordnungen verstoßen.

Seit 1864 ist im Hafen von Rio Janeiro eine officielle Agentschaft damit beauftragt, die Verordnungen des Transportreglements für Einwanderer in Wirksamkeit treten zu lassen, den Dienst in der für die Neuangekommenen bestimmten Herberge zu überwachen, für deren Ausschiffung im obengenannten Lokale Sorge zu tragen, die nach den Staatskolonien Bestimmten dahin zu geleiten, die freiwillige Einwanderung zu befördern und den Personen, welche Kolonisten einzuführen Willens sind, wie den Auswanderungsagenten, als Vermittlung zu dienen.

Auf der andern Seite gesteht die Regierung den Einwanderern folgende Vergünstigungen zu:

Wie ich früher bereits erwähnte, Zahlung der Differenz zwischen dem Passagepreise nach den Vereinigten Staaten und dem nach Brasilien, d. h. wenn die Passage nach Nordamerika z. B. pro Person 30 Thaler und die nach Brasilien 50 Thaler beträgt, so hat der Auswanderer nur den ersten Betrag, die Regierung den Zuschuß zur Erreichung des letztern Betrags zu zahlen. — Diesen Mehrbetrag von 20 Thaler schenkt die Regierung dem Emigranten und er übernimmt dafür durchaus keine weitere Verbindlichkeit, auch nicht die, nach einer Kolonie zu gehen, sondern er kann, in Brasilien angekommen, machen was er will, erhält außerdem für die ersten 5 Tage freie Wohnung und Verpflegung. — Weitere Vergünstigungen sind folgende:

Vorstreckung des Gesammtbetrages des Passagegelds an Diejenigen, welche in der Absicht kommen, sich in den Staatskolonien anzusiedeln, zu welchem Zwecke verschiedene Consuln, namentlich die von London, Liverpool, der Schweiz, Marseille und Hamburg, zu den bezüglichen Auslagen Vollmacht haben; Erlassung der Einfuhrzölle auf Gegenstände, die sie mitbringen, nämlich: Kleinodien, oder ähnliche Werthsachen täglichen Gebrauchs, getragene Kleidungsstücke, Bettspinden, Bettzeug, wie es für die Vermögensverhältnisse und den Stand der Einwanderer paßt, gewöhnliches

Tischgeräth, das entsprechende Ackergeräth und Handwerkszeug; jederlei Art Mobilien für den Gebrauch, Jagdgewehr; das Recht der Aufnahme in die von der Regierung in der Hauptstadt des Reichs unterhaltenen Herberge, wo sie unentgeltlich nach der Landung Wohnung und Kost finden, mittelst 800 reis (= 16 Silbergroschen) pro Tag für den Erwachsenen und 500 reis (10 Sgr.) für Kinder von 9 — 12 Jahren; endlich das Recht, von der Amtsagentur die nothwendigen Informationen unentgeltlich beanspruchen zu dürfen, und Ueberfahrt nach den Staatskolonien, wenn es freiwillige, neuangekommene Kolonisten, Familienhäupter und Ackerbauer sind. Die Amtsagentur verpflichtet sich, durch eigene Mühwaltung oder durch Anzeigen in den periodischen Blättern, Denjenigen, welche festen Aufenthalt in Rio Janeiro zu nehmen gedenken, Beschäftigung zu verschaffen.

Der Bedingungen des Verkaufs der Ländereien an Diejenigen, welche sich in den Kolonien etabliren wollen, habe ich bereits erwähnt; der Preis für 1 Quadratbrasse (4,84 Quadratmeter) beträgt $^1/_2$ bis $1^1/_2$ real (der Morgen zu 6—18 Silbergroschen), je nachdem die Lage des Terrains, oder ob bereits mit Waldumschlag von 1000 Q. Brassen und einer provisorischen Wohnung versehen ist, oder nicht. — Ebenso erwähnte ich bereits, daß das Land, und wenn Passagevorschuß stattfand, auch dieser in dem Laufe von 5 Jahren zu bezahlen ist; bei früherer Zahlung ist ein Rabatt von 6 %, später aber, wenn die Zahlung nicht erfolgt, 6 % Zinsen festgesetzt.

Ich möchte nun noch eines Punktes Erwähnung thun, der eigentlich aus den vorhergegangenen Schilderungen sich von selbst ergiebt, aber doch wichtig genug ist, um noch einmal die besondere Aufmerksamkeit des Lesers auf sich zu lenken.

Ziemlich allgemein ist die Ansicht in Deutschland verbreitet, als eigene sich nur die Provinz Rio Grande do Sul, und höchstens noch die von Santa Catharina, und Paraná zur Einwanderung und Ansiedlung von deutschen Landleuten.

Dieses ist ein Irrthum, denn außer jenen Provinzen sind es auch die von Saõ Paulo, Minas Geraes, Rio Janeiro und

Espirito Santo, welche dem tüchtigen Landmann ein gutes Fortkommen zusichern.

Wenn hierüber nur zu wenig positive Fakta bekannt sind, wenn die Kolonisation in allen diesen Landestheilen nur Bruchtheile von den Resultaten liefert, die man in Rio Grande do Sul zu beglückwünschen Ursache hat, so liegt dies in denjenigen Umständen, die ich bereits früher andeutete und welche vorzugsweise darin begründet sind, daß die Kolonisation dieser südlichsten Landesprovinz seit dem Jahre 1824 einer fast ununterbrochenen Pflege seitens ihrer Regierung sich zu erfreuen gehabt hat, während dagegen die andern Provinzen des Reichs nur der Centralregierung eine Sorge überließen, die ihnen unbequem war und insofern weniger dringend erschien, als sie immer noch über mehr Sklavenkräfte zu disponiren hatten, als Rio Grande do Sul.

Aus naturgemäßen Rücksichten sagt das Klima jener drei südlicheren Provinzen dem Deutschen entschieden mehr zu, als das der nördlicheren, dem Aequator näher gelegenen; auch sind ihm die Agrikulturarbeiten in jenen, wie die des Mais, Tabaks, der Kartoffel und der europäischen Getreidearten, der Weinbau pp. weniger fremd, als die des Kaffee- und Baumwollenbaus in diesen Landestheilen; endlich aber ist die Viehzucht in Rio Grande, die in den warmen Provinzen nur in Schweinen und Geflügel besteht, ein nicht zu unterschätzender Faktor in der Beschäftigung des Deutschen und ihr bringt er leicht das Opfer in Bezug auf höhere Ackerbauprodukt-Preise.

So sehr jene Vorzüge für Rio Grande sprechen, so sehr darf man auch die der andern Provinzen nicht bei Seite setzen; und was das Klima dieser anbetrifft, so muß man bekennen, daß, wenn auch bedeutend wärmer, es ebenfalls gesund ist, vorausgesetzt, daß der Europäer sich nicht in den flachen Küstenstrichen und an den sumpfigen Ufern der Flüsse niederläßt, an denen allein nur die bekannten epidemischen Krankheiten Brasiliens und anderer Tropenländer herrschen. —

Alle gebirgigen und höher liegenden Plateaus sind gesund und eignen sich bestens zum Ackerbaue; aber ich wiederhole noch einmal, daß zu ihrer Kultur in den ersten Jahren der Ansiedlung schwierige Arbeiten nothwendig sind. —

Es darf Niemand und auch Derjenige, welcher sich in Rio Grande ansiedeln will und keine Mittel mitbringt, nicht glauben, daß er ohne große Mühe und Anstrengung es in Brasilien zu Etwas bringen werde, daß er nicht selbst angreifen müsse oder nur wenig zu arbeiten brauche; nur Derjenige, der mit Schippe und Hacke umzugehn versteht, der seine Energie bei der Arbeit sich zu erhalten weiß, vor dieser nicht zurückschreckt, mäßig und sparsam lebt, kommt vorwärts! Die ersten Jahre der Ansiedlung sind schwer und ich möchte Denjenigen, die sich nicht aller eben angeführten Eigenschaften bewußt sind, aufs Entschiedenste vor Auswanderung abrathen, denn sie werden nicht fortkommen und die Reihen Derjenigen schwellen, welche die dortigen Behörden, die Consuln, Landsleute und Fremde um Almosen anbetteln und sich aufs Bitterste unter dem Vorwande darüber beklagen, daß sie angeführt seien!

Da die eigenen Landsleute in Brasilien in ihrer Mehrheit, und insofern sie nicht dem Ackerbaustande angehören, eben so wenig von den Kolonisationsverhältnissen kennen, wie die europäischen Zeitungsredakteure selbst und von den herumstreichenden Arbeitsscheuen häufig gebrandschatzt werden, so sollen sie, wie man sagt, die diesseitige Regierung um Erschwerung der Maaßregeln gegen die Auswanderung nach Brasilien angegangen haben; das wäre für Brasilien eine Wohlthat, denn nur der gute Arbeiter, nicht der Abenteurer, findet dort eine gesicherte Existenz!

Ich habe aus meiner langjährigen Erfahrung diese Art von Unglücklichen kennen und mich überzeugen gelernt, daß sie — mit wenigen Ausnahmen — selbst Schuld an ihrem Elende waren!

In der Provinz Espirito Santo habe ich zum ersten Male mit dem größten Interesse wahrgenommen, wie europäische Landleute in wenigen Jahren einen hochstämmigen, durch Schlingpflanzen und Unterholz fast undurchdringlichen Urwald in blühende

Felder umzuwandeln verstanden; es ist so: der Wille und die Kraft vermögen Viel!

Betrachten wir etwas specieller die Arbeiten der Ansiedlung. Die Kolonisten, die dem Direktor der Kolonie zugeschickt werden, erhalten auf der Kolonie, in möglichster Nähe ihrer Ländereien, und zwar in den vorbereiteten Empfangshäusern, Wohnung und Lebensmittel (letztere gewöhnlich in baarem Gelde). Sie bekommen ihre vermessenen Kolonieloose angewiesen und beginnen, unter Mitwirkung alter Kolonisten, den Waldumschlag — natürlich im Vergleiche zu dem Flächeninhalt der Kolonie, anfänglich nur einen kleinen — dem ein Aufräumen des Unterholzes vorangeht. Nachdem derselbe 6 — 8 Wochen gelegen und trocken genug geworden ist, wird er abgebrannt, bei welcher Procedur die großen Stämme nicht zerstört werden. Nach der ersten Aufräumnng des Terrains (wobei natürlich nach und nach erst die Baumstämme verschwinden können), das durch die Asche eine vorzügliche Düngung erhält, wird mittelst Hacke und Schippe Bohnen und Mais gepflanzt, ebenso Gemüse und dergl., sodaß nach 6 Monaten der Kolonist seiner ersten Ernte — mit welchem Gefühle? das weiß kaum unser europäischer Bauer zu beurtheilen — entgegensieht!

Während dieser Zeit hat der Kolonist abwechselnd an dem Aufräumen des Platzes und an der Herstellung seines Häuschens gearbeitet, auch dafür gesorgt, sich etwas Federvieh und ein Schweinchen zu ziehen, so daß er vorläufig eingerichtet ist und unter gewöhnlichen Umständen nicht mehr der Lieferung von Lebensmitteln bedarf und sie um so weniger verlangt, da er deren Betrag einstmals zurückzuzahlen hat.

Aber der Bau von Bohnen, Mais, Mandioka, ist, weil er wegen anfänglich zu kleinen und mühsamen Waldumschlags nicht genügend quantitativer Weise ausgeführt werden kann, nicht ausreichend, auch nicht die eigentliche Bestimmung des Kolonisten; denn in den Provinzen der gemäßigtheißen und heißen Zone ist der Kaffee dasjenige Produkt, welches dem Kolonisten erst gute Einnahmen abwirft. Darum muß er sobald als möglich sich zu dem Bau desselben entschließen und dies um so schneller thun, als der Kaffeebaum von seiner ersten Anpflanzung bis zur ersten ergiebigen Ernte 4 bis 5 Jahre bedarf. — Diese Jahre sind die der Prüfung für den Ansiedler, und während derselben thut er gut, wenn er einen Theil seiner Arbeitszeit bei den öffentlichen Bauten anwendet und sich dadurch einen hübschen Nebenverdienst verschafft; dieser ist für ihn um so gerechtfertigter, als zu den öffentlichen Bauten auch diejenigen Kommunikationen gehören, die zu den Wohnungen der Kolonisten führen und für Rechnung der Regierung betrieben werden.

Hat der Ansiedler erst Kaffee, dessen Anpflanzung er mit jedem Jahre vergrößert und zu der er die Sprößlinge unentgeltlich stets von seinen nächsten Nachbarn erhält, so ist er geborgen; denn dieses Produkt hat stets einen guten Marktpreis, kann auch ohne all' zu große Mühe gewonnen werden. Er braucht nicht einmal für den Transport nach dem Markte zu sorgen, denn überall finden sich Aufkäufer, die, mit einem verhältnißmäßig kleinen Nutzen, ihn an sich ziehen und abholen. Aus eigener jahrelanger Erfahrung weiß ich, daß eine kleine Kolonistenfamilie mit einigen, nur halberwachsenen Kindern, die den Kaffee pflücken, jährlich 2 bis 300 Arroben (à 32 Pfund Kaffee) liefern kann. Rechnet man die Arrobe nur zu 5 Milreis, so ist der Betrag von 800 bis 1000 Thalern baaren Geldes wol hinreichend — namentlich da sämmtliche Lebensbedürfnisse, mit Ausnahme der Kleidung u. dergl., von dem Kolonisten in seiner Wirthschaft gewonnen werden — um eine Familie gut zu unterhalten.

Dem Baumwollenbau, der auch, sobald er in etwas größerem Maaßstabe betrieben wird, sehr gute Einnahmen gewährt, haben sich die Kolonisten in den wärmeren Provinzen des Reichs noch nicht mit Vorliebe hinzugeben vermocht.

Betrachten wir nun noch einmal diejenigen Provinzen des brasilianischen Reichs, die zur europäischen Einwanderung sich eignen und in denen durch den immer mehr aussterbenden Sklavenbesitz (die Abnahme dieses wird dadurch bedingt, daß seit mehr als zwanzig Jahren kein Sklave mehr in Brasilien eigeführt werden darf, daß viele derselben von den Besitzern freigegeben werden und daß endlich das Gesetz vom 28. September 1871 bestimmt, daß keine Sklaven mehr in Brasilien geborer, also alle Sklavenkinder, die von diesem Tage ab daselbst das Licht der Welt erblicken, frei werden), früher oder später eine Parcellirung des großen Grundbesitzes eintreten muß; berücksichtigen wir ferner den Umstand, daß nach allen Erfahrungen der Deutsche fast der einzige ist, der in Brasilien ein gutes Fortkommen findet, berechnen wir endlich die Vortheile, die unserm Handel und dem Absatze der deutschen Industrieprodukte von Brasilien aus zu gute kommen und noch kommen werden, so fragt man sich mit vollem Rechte:

Sollen wir die Beziehungen, in denen wir durch unsere Auswanderung mit Brasilien stehen, nicht noch einmal, und zwar vermöge eines competenten Verfahrens, einer genauen Prüfung und Klärung unterwerfen; oder wollen wir an einem Vorurtheile festzuhalten fortfahren, das die deutschen Interessen schädigt und zeitig genug von andern Nationen ausgebeutet werden wird?

Was die Zukunft der übrigen Provinzen jenes ausgedehnten Reichs, die des höhern Nordens und des Innern, so wie die Frage betrifft, ob diese sich zur Kolonisation durch europäische, namentlich deutsche Kolonisten, eignen, — so ist es schwer, darüber ein Urtheil und eine befriedigende Antwort zu geben. — Meiner Meinung nach sind die Provinzen nördlich von Bahia, und selbst der allergrößte Theil dieser Provinz, nicht mehr dem deutschen Einwanderer zu empfehlen, denn die Hitze ist in ihnen erdrückend und die Kultur des Zuckerrohrs und die Zuckerbereitung sind Arbeiten, die dem europäischen Landmann nicht zusagen.

In ähnlicher Lage befinden sich in Bezug auf deutsche Einwanderung auch die Provinzen im Innern des Reichs, weniger wol infolge des heißen und ungesunden Klimas, sondern weil in ihnen die Kommunikationen noch fehlen und die Flußschifffahrt noch zu wenig Fortschritte gemacht hat. Hat doch selbst die Freigebung des riesigen Amazonenstroms noch keinen Impuls zur Anziehung von europäischen Einwanderern geben können!

Es ist noch nicht abzusehen, auf welche Weise und durch welche Art von Einwanderung alle diese Provinzen, die so enorme Schätze in ihrem Innern bergen, sich weiter entwickeln und ob sie noch einmal Kolonisationsversuche mit Kulis und Chinesen unternehmen, oder freie Neger, die auf Contrakte arbeiten, einführen werden! Ebenso wenig vermag man vorauszusehen, ob durch größere Thätigkeit und Opferbereitschaft es möglich sein werde, die wilden Indianerstämme zu zähmen, sie dem Nomadenleben zu entziehn und durch ihre Civilisation eine Bevölkerung zu schaffen, die dem Lande nützlich werden könnte!

Möglich ist es, daß durch größere Entwickelung der Küstenprovinzen, durch Eröffnung der Flußschifffahrt und durch den Fortschritt der Kultur selbst Völker der kaukasischen Race einstens in diesen Landestheilen ihr Fortkommen finden dürften, denn die Geschichte Brasiliens lehrt uns, daß die Holländer im hohen Norden Brasiliens ihre Niederlassungen und Pflanzungen gehabt hatten und ungern nur ein Land verließen, das, wie Brasilien, an Naturschätzen ein so außerordentlich reiches ist!

Ich gehe nun zu einem Abschnitte über, dessen Behandlung insofern delikater Natur ist, als es unmöglich sein wird, in rein objektiver Art und ohne jedwede persönliche Beziehung diejenigen Schriftstücke der Neuzeit zu beleuchten, deren ich Eingangs erwähnte und welche, wegen der in ihnen enthaltenen mannigfachen persönlichen Beleidigungen und Entstellungen der Wahrheit, nicht mit Unrecht „Schmähschriften“ genannt zu werden verdienen.

Die scheinbar ungünstigen Resultate mit der brasilianischen Kolonisation haben in neuerer Zeit verschiedene diesseitige Behörden veranlaßt, neue Warnungen vor Auswanderung nach Brasilien zu erlassen; sie haben sich dabei eines Schriftchens bedient, das sie der Kenntnißnahme und Beachtung des Publikums anempfehlen, (z. B. das Polizei-Präsidium von Frankfurt am Main unterm 13. Januar d. J. und das Amtsblatt der k. Regierung zu Potsdam Stück 7. 13. Jan. 73). —

Diese Schrift ist der „Schentke'sche Mahnruf gegen

die Auswanderung nach Brasilien." Ehe ich diese beleuchte, erinnere ich noch einmal an die Gegensätze, die sich in Behandlung der Auswanderungsfrage seitens der officiösen deutschen Presse so sehr gekennzeichnet haben: auf der einen Seite die große Toleranz, welcher sich die Auswanderung nach Nordamerika zu erfreuen, auf der andern die Unduldsamkeit und Härte, welche die nach Brasilien zu erdulden hat!

In dem vorhergehenden Abschnitte ist nachgewiesen worden, daß der immer noch in Kraft bestehende Cirkular-Erlaß vom 3. November 1859 von nachtheiligem Einflusse auf die Entwickelung der südbrasilianischen Kolonisation ist und dadurch die deutschen Handelsinteressen beeinträchtigt; darum und ebenso ist der Erlaß in seinen moralischen Consequenzen zu beklagen; denn er hat eine Polemik hervorgerufen und gewissermaaßen sanktionirt, mit der von der Berliner officiösen Journalistik ein wahrhaft moralischer Vernichtungskrieg gegen Brasilien geführt wird.

Trotz aller, nach Deutschland vorgedrungenen Kunde der günstigen Entwickelung der brasilianisch-deutschen Kolonisation, unerachtet der, mit den triftigsten Gründen belegten und selbst von deutschen Consuln attestirten Beweise, daß das moralische Auswanderungsverbot für Brasilien ein nicht mehr stichhaltiges und die deutschen Handelsinteressen im Süden des Reichs beeinträchtigendes Objekt sei, konnte die officiöse Presse sich dennoch nicht dazu verstehen, in Behandlung der brasilianischen Einwanderungs- und Kolonisationsfrage ein „rein objektives Verfahren" anzunehmen und den „Ton persönlicher Angriffe und beleidigender Insinuationen" fallen zu lassen.

Und ein solches Verfahren zu beobachten ist sicherlich erste Pflicht der Presse: ohne ein solches fallen wir in die alten Zeiten des Barbarismus, des Faustrechts und der Unterdrückung des freien Gedankenaustausches zurück! Ebensowenig wie Encyklika und Syllabus den Fortschritt des Geistes, die Denkkraft und das Forschen der Wissenschaft aufzuhalten vermögen, ebensowenig wird auch in Bezug auf unser vorliegendes Thema sich die öffentliche Meinung zur Festhaltung eines Urtheils bestimmen lassen, welches

— wie das der officiösen Presse — nur auf einseitiger Anschauung der Verhältnisse beruht.

Es ist niemals in Abrede gestellt worden, daß seitens Brasiliens mancher Irrthum in seiner Einwanderungs- und Kolonisationsangelegenheit begangen worden, Manches in ihr noch zu ändern ist, das dem Lande zum weitern Nutzen und Seegen gereichen kann; allein ebenso wahr ist es auch, daß die wirklichen Gründe und Veranlassungen zu den begangenen Irrthümern in den eigenthümlichen Verhältnissen des Landes zu suchen, nicht aber der dortigen Regierung als Folgen wenig guten Willens zur Last zu legen sind.

Eine derartige Ansicht scheint aber bei der officiösen Presse und in den diesseitigen maaßgebenden Kreisen obzuwalten, denn sonst könnten Beide sich unmöglich zu Protektoren eines Schriftchens machen, das, wie der Schentke'sche „Mahnruf gegen die Auswanderung nach Brasilien," sehr wenig den conventionellen Formen entspricht und dem die Quelle, aus welcher der Verfasser seine feindseligen Motive geschöpft hat, an die Stirn geschrieben ist. Natürlich fragt man sich bei dem Durchlesen dieser ebengenannten Broschüre, die im vergangenen Jahre das Licht der Welt erblickte und dann durch Behörden weitere Verbreitung erfuhr: Wer ist der Verfasser derselben, zu welchem Zwecke hat er sie angefertigt und behandelt er das Thema nur vom Hörensagen, oder beruht wenigstens ein Theil seiner Argumentationen auf eigener Erfahrung?

Ich muß darauf aufmerksam machen, daß ich den Autor nicht kenne, und, nach seiner Schrift zu urtheilen, daß er niemals in Brasilien gewesen, also auch nicht in der Lage ist, aus eigener Erfahrung zu urtheilen. —

Auf den ersten Blick sieht man dem Schriftchen den Mangel an positiver Sachkenntniß der überseeischen Verhältnisse an, und dieser, sowie die fast zur Gewißheit gewordene Vermuthung, daß der Verfasser nur seinen Namen hergegeben habe, wird denn auch sehr bald bewirken, daß dem Leser die Haltlosigkeit der Anfeindungen, dem Auswanderungslustigen aber der Zweifel an der Zuverlässigkeit der Mittheilungen zu eigen werde; Beide werden leicht erkennen, daß mit dem Schriftchen ein wirklicher Dienst weder dem Vaterlande, noch der Humanität geleistet werden könne, denn die riesige Auswanderung nach Nordamerika billigen oder stillschweigend übergehen, die geringe nach Brasilien verurtheilen, heißt nach dem Sprichworte handeln: „die kleinen Diebe hängt man, die großen läßt man laufen." —

Von der massenhaften, stets sich mehrenden deutschen Auswanderung nach den Vereinigten Staaten von Nordamerika, von dem Schicksale derselben, von den Verlusten, welche durch sie der „zur echten Wissenschaft entwickelten Nationalökonomie" und dem „nothwendigen Zusammenhalten der nationalen Kräfte" (die eigenen Worte des Verfassers) zugefügt werden, spricht Herr Schentke kein Wort, wol aber von der numerisch unbedeutenden Auswanderung nach Südamerika, namentlich nach Brasilien, und scheint diese für jene großen Verluste Deutschlands verantwortlich zu machen.

Es ist aber bekannt — und ein Gleiches sollte man von ihm, wie von Jedem, der als öffentlicher Warner und Rathgeber auftreten will, verlangen — daß die deutsche Auswanderung nach Brasilien sich zu der nach Nordamerika etwa wie 3 zu 100 verhält, daß aus der Handelsstatistik Deutschlands hervorgeht, wie verhältnißmäßig größer der Absatz unserer deutschen Industrieprodukte nach Brasilien ist, als der nach den Vereinigten Staaten!

Jeder Rathgeber, dem das Wohl des Auswanderers am Herzen liegt und der mit demselben nicht nur eine leere Phrase verbinden will, muß sich die Kenntniß der wirklichen, nicht fingirten Zustände und Verhältnisse der überseeischen Länder zu eigen zu machen suchen, sich nicht aber dem exaltirten Neuigkeitsschreiber und Phantasten ohne Weiteres hingeben und überdies erklären, wie jener Autor es thut: daß „das von ihm (?) seit Jahren gesammelte Material sine ira et studio dazu benutzt werden soll, um unsere, von den geheimen Agenten verführten Landsleute von der Auswanderung nach

Brasilien, als nach einem Lande abzuhalten, wo ihrer das schrecklichste Loos erwartet."

Der ganze Eingang des Schriftchens, in dem auch die Unzuträglichkeit für die europäische Auswanderung nach andern südamerikanischen Staaten, wie Costa Rica, Paraguay, Peru und die Argentinische Republik, oberflächlich und auf Grund „englischer Wahrnehmungen" nachgewiesen ist, bekundet zur Genüge, daß der Verfasser sich weder ein richtiges Bild von den wirklichen Motiven, die jenen Warnungen zu Grunde liegen, zu machen versteht, noch den Berichten der modernen Länderkunde gefolgt ist, die denn doch jenen Staaten einen gewissen fortschreitenden Bildungsgrad nicht abzusprechen vermögen.

In Bezug auf englische Warnungen, die unter dem Stempel von „Humanität und Philanthropie" durch unsere deutsche Presse gelaufen sind und als Beweisstücke zu Gunsten der gegenwärtigen — leider aber sehr vorurtheilsvollen — Tendenz der officiösen Journalistik dienen sollen, möchte ich nur den Autor daran erinnern, daß nach englischen Begriffen „für Geld Alles feil und möglich ist." Wo der Engländer seinen materiellen pekuniairen Vortheil sieht, da ist von Humanität nicht die Rede. Wir wollen doch nicht vergessen, welcher Art die Behandlung der Eingebornen in den englisch-indischen Kolonien gewesen ist und noch ist, aus welchen Gründen der Krieg gegen China geführt wurde.

Kann man sich wol ein größeres Hohnsprechen aller Menschlichkeit denken, als die Art und Weise, wie dieser Krieg angefangen und zuletzt im Parlamente gut geheißen wurde? Die chinesische Regierung, die ihr unglückliches, dem entnervenden Genusse des Opiums ergebenes Volk vor vollständiger Demoralisation bewahren wollte und darum die Opiumeinfuhr verbot, wird dafür von den Engländern mit Krieg und Gewaltthätigkeiten überzogen, weil diese die Opiumfabrikanten waren: das Parlament, auf die Interpellation, daß die chinesische Regierung aus moralischen Rücksichten das Verbot gegeben und der Krieg gegen dieselbe ungerechtfertigt gewesen sei, billigt das Verfahren der

Regierung, weil durch das Verbot der Opiumeinfuhr in China englische Handelsinteressen geschädigt worden seien! Täglich möchte ich sagen, haben wir neue Beweise von dieser englischen Humanität!!

Es ist bekannt, in welcher Art vor noch nicht zwei Jahren die paraguayische Anleihe von zwei Millionen Pfund Sterling abgeschlossen wurde, wie jene Regierung sich verpflichten mußte, die Hälfte davon für englische Kolonisationsunternehmungen in Paraguay in den Händen des englischen Bankhauses Flemming und Comp. zurückzulassen und wie traurig der Kolonisationsversuch, der eben nur ein englisches Geldgeschäft war, ausfiel. Die Neuzeit liefert ein anderes Beispiel in der Preiserniedrigung der Passagen für die deutschen Auswanderer nach Amerika über englische Häfen, und als Aequivalent dafür die schlechte, brutale Behandlung derselben an Bord englischer Schiffe!

Bei solchen und vielen anderen Beweisen kann man freilich auch nicht viel moralisches Gewicht auf englische Auswanderungs-Warnungen legen: für Denjenigen, der überhaupt Kenntniß davon nehmen will, ist es kein Zweifel mehr, daß der englische arbeitsame Auswanderer nur nach Canada, den Vereinigten Staaten von N.-Amerika und zum Theil nach Australien auswandert und daß nach Südamerika fast nur arbeitsscheue, widersetzliche und dem Trunke ergebene Emigranten gehen, die den dortigen Behörden zur Last fallen, aber auf echt englische Weise in ihren allerexigentesten und prätentiösesten Forderungen von ihren betreffenden Consuln kräftigst unterstützt werden. Brasilien hat damit viele traurige Erfahrungen gemacht, und indem ich dies aus eigener Anschauung bestätigen, auch Beispiele ähnlicher Art mit Einwanderern anderer Nationen, namentlich Amerikanern, Franzosen, Belgiern und Holländern zu constatiren vermag, bin ich zu der Ueberzeugung gekommen, die ich im Laufe meiner Mittheilungen bereits kundgab, daß die Zukunft Brasiliens fast bedingungslos in seiner deutschen Einwanderung liegt und daß Deutschland von ihr vorzugsweise gute Resultate erzielen werde!

Der Verfasser des Mahnrufs sagt weiter: „Zu der Ver-

„schiedenheit in Sprache, Sitte, Gewohnheit und Geschichte, zu „der Indolenz einer vom Papismus und Jesuitismus völlig cor„rumpirten Gesellschaft gesellt sich die erbärmliche Justiz und „Verwaltung.“

„Jede Verleitung zur Auswanderung nach Brasilien sollte „daher mit den härtesten Strafen belegt werden; unserer kräftigen „Regierung aber sei tausendfacher Dank ausgesprochen, daß sie auf „Anregung unseres energischen Vertreters in jenem Lande, des „Grafen Solms, den Einzelregierungen ihre Pflicht in dieser Be„ziehung wiederholt dringend ans Herz gelegt.“

Es würde zu weit führen, wenn ich noch einmal alles Dessen, was bereits in Bezug auf obige Auslassungen gesagt ist, erwähnen wollte; den geneigten Leser darauf verweisend, will ich hier nur in Betreff der religiösen Verhältnisse Brasiliens Einiges mittheilen, das insofern an Interesse gewinnen dürfte, als seine Regierung sich gegenwärtig in einem ähnlichen Kampfe, wie die deutsche, mit den Prälaten der römisch-katholischen Kirche befindet.

Die Verfassung Brasiliens erkennt die römisch-katholische Religion als „Staatsreligion“ an, gestattet dagegen die Ausübung eines jeden andern Kultus, sobald derselbe keinen Anstoß giebt und die Oeffentlichkeit vermeidet.

Es mögen diese Bedingungen außerordentlich hart und ungerecht erscheinen, auch vielleicht manchen Einwanderer von Brasilien fernhalten, doch sind sie nicht von so großer Tragweite, wie es im ersten Augenblicke erscheint; denn man kann mit großer Bestimmtheit behaupten, daß Brasilien nicht weniger tolerant als jedwedes katholische Land Europas ist, ja daß es selbst noch manchem derselben darin zum Vorbilde dienen könnte.

Wenn in neuerer Zeit die Bewegungen in der katholischen Kirche auch Brasilien erreichten, dem Dogma der päpstlichen Unfehlbarkeit Eingang verschafften und dem Jesuitenorden in einzelnen Theilen des Reichs einen größeren Fortschritt möglich machten, so hat die Gegenwart doch gelehrt, daß der Fanatismus in Brasilien nie mehr volle Wurzel fassen könne und die Läuterung um so schneller vor sich gehen werde, je heftiger der Zwang der Kirche sich gestalte; sie hat ferner gezeigt, daß die brasilianische Regierung und Volksvertretung gesonnen und entschlossen sind, den Landesgesetzen Gehorsam zu verschaffen.

Das, was man in einem katholischen Lande nicht leicht für möglich hielt, hat Brasilien zuerst dadurch bewiesen, daß es einen seiner ersten Prälaten inhaftiren und zur Verantwortung vor dem weltlichen Richter ziehen ließ.

In einem Lande, in dem dies möglich ist, ohne daß gefahrbringende Demonstrationen seitens des Volkes erfolgen, kann wol von „Papismus" keine Rede sein; und was die „Fortschritte des Jesuitenordens" anbelangt, so muß ich nachdrücklich erklären, daß der Vorwurf dazu am meisten unsere eigenen Landsleute trifft, denn nur in den deutschen Niederlassungen Brasiliens sind solche Fortschritte zu bemerken gewesen.

Selbst die Klausel, unter welcher dem Dissidenten der Lankirche die Ausübung seines Kultus erlaubt ist, kann heute nicht mehr für die Protestanten abschreckend sein, denn die Erfahrung hat gelehrt, daß diesen in Ausübung ihrer religiösen Pflichten niemals zu nahe getreten worden ist, und daß Ueberschreitungen in den klerikalen Machtbefugnissen von der brasilianischen Regierung nicht geduldet werden. —

Daß in früherer Zeit z. B. gemischte Ehen unter den deutschen Kolonisten auch von protestantischen Geistlichen vollzogen wurden, heute dagegen ein Gesetz (das nach den Regeln der katholischen Kirche zwar immer bestanden hat) die Angelegenheit derart regulirt, daß dieses Recht nur katholischen Geistlichen zusteht, ist ein Faktum, das kaum zu bedauern ist, weil gleichzeitig mit diesem Gesetze (vom 11. September 1861) auch die Rechte und confessionellen Angelegenheiten der Protestanten gesichert worden sind. Die Rechtskraft ihrer Ehen, die Legitimität ihrer Kinder, die Bestallung ihrer selbstgewählten oder von Europa verlangten Geistlichen, denen durch gerichtlichen Akt Machtbefugnisse eingeräumt werden, die bürgerliche Folgen haben, ist in dem ebengenannten Gesetze vorgesehen; auch fährt die Regierung fort, für die auf ihren Kolonien befindlichen Protestanten Geistliche aus Europa kommen zu lassen und sie zu besolden. — In gleicher Weise unterstützt sie die evangelischen Gemeinden mit Mitteln zum Bau ihrer Kirchen. —

Wenn auf diese Weise der brasilianischen Regierung volle Anerkennung gebührt, so muß man auch dem brasilianischen Klerus insoweit eine große Mäßigung zuerkennen, als er niemals den Akatholiken zu nahe getreten ist und sich bis zum Jahre 1863 nicht einmal der Eheschließung der gemischten Ehen durch evangelische Geistliche widersetzt hatte; erst als deutsche Jesuiten dafür in die Schranken traten und das Recht für ihre Kirche in Anspruch nahmen, schloß sich der brasilianische Klerus ihnen an. — Aber die deutschen Jesuiten in den Kolonien von Saõ Leopoldo sind allein Schuld an den religiösen Bewegungen, die leider nur zu sehr das gute Vernehmen zwischen den protestantischen und katholischen Kolonisten in den deutschen Niederlassungen Brasiliens, namentlich in der Provinz Rio Grande do Sul, erschütterten.

In welcher Art deutsche Ordensgeistliche ihre Mission in Brasilien auffassen, dafür mag folgendes Beispiel sprechen.

Als die kaiserliche Regierung im Jahre 1847 in der Provinz Espirito Santo ihre erste Ackerbaukolonie „Santa Izabel“ anlegte, hielt der die Deutschen begleitende Kapuziner, dem, in Ermangelung einer geeigneten Persönlichkeit, die Führung der Kolonie anvertraut wurde, es als erste Pflicht zum materiellen Gedeihen der Ansiedlung, ein Nonnenkloster, mit Berufung an die deutschen Kolonistenjungfrauen, anzulegen. Daß weder die brasil. Behörden, noch die Kolonisten, deren Mehrzahl überdies Protestanten waren, die Absicht des Kapuziners sich verwirklichen ließen, bedarf wol kaum der Erwähnung.

Den schlimmsten Einfluß auf die socialen Zustände in den blühenden Kolonien der Provinz Rio Grande do Sul, üben, wie bereits erwähnt, die deutschen Jesuiten aus; sie, die seit vielen Jahren die bedauerlichen Spaltungen unter den glücklichen und zufriedenen Deutschen verursachten, versuchen es auch heute noch, den Haß, den der Ultramontanismus der glorreichen deutschen

Einigung entgegensetzt, nach der Provinz zu verpflanzen. Wenn dies aber bisher nicht geschehen konnte, so mag darin ein günstiges Zeugniß für die Deutschen und eine Anerkennung für den gesunden Sinn der Brasilianer zu erkennen sein, die übrigens nicht allein dem Jesuitenorden, sondern auch jeder ultramontanen Bewegung abgeneigt sind.

So sehr es zu bedauern ist, daß unter obiggenannten Umständen nicht schon die bürgerliche Ehe in Brasilien eingeführt sei, mit welchem Gedanken zur Ausführung übrigens die gebildete Klasse der Brasilianer sich schon seit langer Zeit beschäftigt, so wenig darf man sich darüber wundern, denn dieses so wichtige Bedürfniß der Zeit hat ja noch nicht einmal in allen europäischen Staaten Bahn brechen können.

Allen Denjenigen, die über religiöse Intolerang der Brasilianer und ihrer Regierung klagen und seiner Zeit von der deutschen Regierung verlangten, daß sie Hort und Schutz der evangelischen Kirche in Brasilien sein möge, will ich nur eine Stelle aus einem Briefe mittheilen, den mir am 31. Januar 1872 ein ausgezeichneter evangelischer Pfarrer Deutschlands, der lange Zeit in Brasilien als Geistlicher fungirte und mein Zeitgenosse in der Provinz Espirito Santo war, folgendermaaßen schrieb:

„Wir haben von S. J. vor mehreren Wochen Briefe, auch „zwei Photographien von der neuen Kirche und dem neuen Pfarr„hause dort: B.'s und F.'s haben geschrieben. Dieselben sind „ja mit ihrer äußeren Lage recht wohl zufrieden; in der That, „die Verhältnisse dort, wie ich sie habe kennen lernen, sind der „Art, daß mirs oft unbegreiflich ist, wie hier alberne Tagesblätter, „ja auch die gelesensten Zeitungen dazu kommen, auf Brasilien „zu schimpfen und die Lage der Eingewanderten als eine höchst „unglückliche darzustellen. Ich habe schon oft an mich halten „müssen beim Durchlesen von dergleichen Berichten, weil ich am „liebsten mit dem, was die dortige Regierung mir, dem evange„lischen (Ketzer) Priester, Gutes erwiesen hat, hätte vorgehen „mögen" . . . . . .

Kann man wol mit Recht über Bedrückung der Protestanten in Brasilien klagen, sobald man vernimmt, daß es dem, von Seiten des Oberkirchenraths in Berlin nach Saõ Leopoldo geschickten, evangelischen Pfarrer Dr. Borchard, der etwa vor zwei Jahren nach Europa zurückkehrte, gelang, nicht allein für die verschiedenen Kolonien der Provinz Rio Grande do Sul evangelische Geistliche von Europa kommen zu lassen, sondern auch eine „evangelische Synode" in jener Provinz einzurichten, welcher sich selbst protestantische Gemeinden der Republik Uruguay und von Buenos Ayres anschlossen?

Dies in Bezug auf die religiösen Verhältnisse, dessen aber, was der Verfasser in Bezug auf den Bericht des H. Grafen Solms sagt, bedarf es doch einer gewissen Aufklärung.

Es ist nicht in Abrede zu stellen, daß zur Zeit der politischen Zerrissenheit Deutschlands, während welcher die „Deutschen als Nation" im Auslande wenig, als „einzelne thatkräftige Weltbürger" aber schon viel galten, die preußischen Gesandtschaften in den überseeischen Ländern mehr oder weniger die deutsche Nation repräsentirten, freilich zum Aerger der unzählich vielen kleinen Vertreter und Consuln deutscher Nationalität, deren Machtbefugniß und politisches Ansehen kaum weiter als bis an die, mit schön gemalten Landeswappen und entsprechenden Nationalitätsflaggen versehenen, Thüren ihrer Wohnungen reichte, die aber doch in dem Bewußtsein der Souveränität ihres kleinen Vaterlandes schwelgten und darum nicht gut auf Preußen zu sprechen waren.

Die Erfolge des Jahres 1866 ließen einige, das Jahr 1871 die letzten dieser deutschen Nationalitätsrepräsentanten von dem politischen Schauplatze in Brasilien abtreten, mit Ausnahme von einem, der aus seiner süddeutschen, anti-preußischen Consularstellung in das norddeutsche Bundeslager überging und dem später das kaiserlich deutsche Consulat in Rio Janeiro zu leiten Gelegenheit gegeben wurde.

Consul Haupt war früher ein Brasilien befreundeter Mitarbeiter und Rathgeber der Kolonisationsangelegenheit; dann aber hat er in seinem spätern Wirkungskreise als norddeutscher und deutscher Consul gar zu vorurtheilsvolle Ansichten durchblicken lassen, d. h. solche, die wenig Sympathien für die Brasilianer verrathen und analog denen sind, wie sie sich in dem Cirkular-Erlaß des Preußischen Handelsministeriums vom Jahre 1859 kennzeichnen.

Selbstverständlich kann mit dieser meiner Bemerkung nicht die Absicht verbunden sein, Jemandem persönlich zu nahe zu treten, auch nicht der deutschen Vertretung in Rio de Janeiro, wenn ich dieser eine gewisse „partikularistische Richtung und Bestrebung" zuzusprechen nicht Anstand nehme; es liegen dazu ganz bestimmte Motive und Gründe vor, deren ich zum Theil schon früher erwähnte, die ich aber gegenwärtig noch vervollständigen möchte. —

In dem Wirken der früheren preußischen Gesandtschaft in Brasilien hatte sich — ganz im Gegensatze zu der spätern norddeutschen und deutschen Vertretung — ein Grundzug bemerkbar gemacht, der wohlthätig auf das brasilianische Kolonisationsverfahren einwirkte und der bei der dortigen Regierung volle Anerkennung fand; nämlich der: daß die Gesandtschaft „aus eigener Anschauung und praktischer Wahrnehmung die brasilianische Kolonisation beurtheilte und darum nicht Veranlassung fand, sie der Art zu behandeln und zu verurtheilen, wie es der Berliner Cirkular-Erlaß vom Jahre 1859 vorschreibt. Später aber und namentlich in der neueren Zeit hat man von diesem Verfahren der eigenen Wahrnehmung seitens der Gesandtschaft ganz Abstand genommen und sich daran gewöhnt, die Kritik der brasilianischen Kolonisation nach Traditionen gehandhabt zu sehen, wie sie gewissen persönlichen Sensibilitäten entsprungen sind.

Dieses Verfahren nun nenne ich ein „partikularistisches" und betrachte es als ein solches, daß die deutschen Handels- und Industrie-Interessen beeinträchtigt; der Cirkular-Erlaß vom 3. November 1859 aber ist als specifisch-preußische Maaßregel ein Objekt, das nicht in die heutige deutsche Reichsgesetzgebung paßt und vielleicht schon beseitigt worden wäre, wenn nicht der Graf Solm'sche Bericht dazwischen gekommen oder dieser auf Grund eigener Erfahrungen des deutschen Vertreters abgefaßt gewesen wäre.

Es ist nur zu bekannt, wie wenig sich in früherer Zeit die deutschen Regierungen um das Loos ihrer Ausgewanderten bekümmerten und wie gar schnell diese ihr Heimathrecht verloren: als aber die Rückwirkungen der Auswanderung auf den Handel mit dem alten Heimathlande sich bemerkbar machten, da war es vor Allem die preußische Legation in Brasilien, welche den eingewanderten Deutschen ihre Aufmerksamkeit zuwendete und ihrer Regierung Bericht erstattete.

Die günstigen Fortschritte der deutschen Kolonisation in der Provinz Rio Grande do Sul, die an den preußischen Consuln stets die besten, uneigennützigsten Rathgeber und Vermittler zwischen ihr und der loyalen Provinzial-Regierung gehabt haben (und gerade diesem Umstande und einem weitern, daß ein wirklich sympathisches Verhältniß zwischen der deutschen und brasilianischen Nationalität seitens der kaufmännischen deutschen Consuln angestrebt worden ist, kann man es mit verdanken, daß die deutsche Kolonisation in der Provinz, trotzdem daß sie in keiner Weise Weise vom alten Heimathlande begünstigt worden ist, so gute Früchte trug), veranlaßten bereits zu Anfang der fünfziger Jahre den damaligen preußischen Ministerresidenten, Herrn Lewenhagen, die Kolonien von Saõ Leopoldo zu besuchen und einen vortheilhaften Bericht an seine Regierung abzustatten. Dieser günstige Eindruck der deutschen Kolonisation mußte freilich sehr durch die spätern unangenehmen Vorfälle zwischen brasilianischen Gutsbesitzern und schweizerischen und deutschen Kolonisten, infolge der Parceria- (Halbpachts-) Verträge in den Provinzen von Saõ Paulo und Rio de Janeiro, abgeschwächt werden, — auch veranlaßten diese die preußische Gesandtschaft in Rio Janeiro, sich der Intervention anzuschließen, welche durch die Schweizer-Legation zu Gunsten ihrer Landeskinder bei der dortigen Landesregierung anhängig gemacht worden war.

Die Schweiz hatte es sich zur Aufgabe gemacht, durch einen besonderen Gesandten, den heute in Wein accredirten Geschäftsträger, Herrn v. Tschudi, die Kolonisationsverhältnisse Brasiliens, namentlich aber das Parceria-System genauest prüfen zu lassen und wenngleich infolge dieses Examens in Saõ Paulo (Vergueiro) und eines spätern durch den preußischen Ministerresidenten, Herrn v. Meusebach, in der Provinz Rio de Janeiro (S. Roza), jenes Halbpachtsystem aufgegeben wurde, so konnte doch selbst von diesen thätigen Diplomaten nicht in Abrede gestellt werden, daß auch in nördlicheren Provinzen, ja selbst noch in einer der Tropen (in der Provinz Espirito Santo), die europäische Kolonisation gute Resultate liefern könne.

Dem, auch als Schriftsteller rühmlichst bekannten Herrn v. Tschudi und dem damaligen preußischen Gesandten, Herrn v. Eichmann gebührt das Verdienst, daß eine richtigere Erkenntniß und Beurtheilung der brasil. Kolonisationsangelegenheit in europäischen Kreisen Platz zu greifen vermochte.

Wenn ersterem namentlich die Lösung der „Parceria-Frage“, Letzterem die Legalisirung der Kolonie von Saõ Leopoldo (dies geschah durch eine, von der brasil. Regierung ernannte, gemischte Commission von Brasilianern und Deutschen, die für Rechnung jener Regierung 6 volle Jahre fungirte) zuzuschreiben ist, wenn Schweizer, Deutsche und Kolonisten anderer Nationalitäten in Brasilien beiden Diplomaten viel zu verdanken haben und dieses öffentlich anerkannt zu werden verdient, so darf man dabei eben so wenig der Resignation, der Bereitwillig- und Freigebigkeit zu erwähnen vergessen, mit welcher die kaiserl. brasilianische Regierung allen diesen Verbesserungen, Bedürfnissen und dem wahren Wohle der Einwanderer, die oft die übertriebensten Ansprüche und wenig Anstrengungen zu ihrem Fortkommen machten, entgegen kam und ihnen Vorschub leistete.

Es ist im Interesse der Kolonisation und der Humanität zu bedauern, daß die Thätigkeit jenes preußischen Diplomaten und seines Stellvertreters, des Herrn v. Bunsen, nicht für längere Zeit damals in Brasilien in Anspruch genommen worden ist und daß ihre Nachfolger nicht auf dem, so vortheilhaft eingeschlagenen Wege fortfuhren, sich durch persönliche Anschauungen und Besuche auf den Kolonien ein unabhängiges Urtheil zu eigen zu machen: unmöglich hätte sich sonst eine solche Schroffheit der Ansichten in der brasilianischen Einwanderungs- und Kolonisationsangelegenheit ausbilden können, wie sie gegenwärtig in den maaßgebenden Kreisen Deutschlands sich so sehr zu erkennen giebt. —

Infolge eigener Wahrnehmung und Berufsthätigkeit in Brasilien, während welcher mir Gelegenheit geboten war, in Beziehung zu jenen ausgezeichneten Persönlichkeiten zu treten, vermochte ich zu bemerken, daß ihre Nachfolger in Anschauung der brasil. Einwanderung und Kolonisation eine Aenderung eintreten ließen, welche der dortigen Regierung weniger Sympathien zuzuführen, den dortigen deutschen Kolonisten aber kein wahres Vertrauen einzuflößen vermochte; die reservirte Haltung der deutschen Legation der dortigen Regierung gegenüber, mußte eine Kluft erzeugen, welche heute um so bedauernswerther ist, als mit ihr weder brasilianischen noch deutschen Interessen gedient sein kann.

Daß unter solchen Umständen der gegen Ende des Jahres 1871 in Rio Janeiro stattgehabte Vorfall mit S. M. Corvette „Nymphe,“ jene bekannte Wirthshausschlägerei zwischen deutschen Marine-Mannschaften und brasil. Polizei-Soldaten, nicht dazu beitragen konnte, größere Sympathien zwischen den entsprechenden Nationen und Regierungen zu fördern, liegt auf der Hand: sicher aber ist es, daß noch unter dem Drucke dieser unbehaglichen Stimmung der Bericht des Herrn Grafen Solms abgefaßt worden war, von welchem der Verfasser der Flugschrift „Mahnruf gegen die Auswanderung nach Brasilien“ so begeistert und dankbarlichst spricht.

Was den Bericht des Grafen Solms an das Reichskanzleramt in Berlin anbetrifft, so ist selbstverständlich nicht daran zu zweifeln, daß sein Inhalt in Bezug auf brasilianische Zustände und Kolonisation genau dem Urtheile entspricht, welches der deutsche Geschäftsträger sich während seines erst kurzen Aufenthalts in Brasilien (Graf Solms übergab am 13. März 1872 seine Akkreditive dem brasil. Hofe und berichtet bereits am 20. April desselben Jahrs) zu bilden vermochte; ebenso ist vorauszusetzen, daß dieser die zu seinem Berichte nothwendigen und von dem stellvertretenden Geschäftsträger, Consul Haupt, empfangenen Informationen als vollständig begründet und auf vorurtheilsfreier Anschauung jener Verhältnisse basirt, gehalten hat. Aber diese Informationen sind nicht den wirklichen Zuständen entsprechend und scheinen, wie ich vorhin bemerkte, noch unter dem Drucke jener Verstimmung ausgearbeitet zu sein, welche die Affaire mit der Corvette „Nymphe" mit sich gebracht und Herrn Haupt bewogen hatte, diesem Ereignisse eine Wichtigkeit, ja selbst politische Bedeutung beizulegen, welche es in der That nicht verdiente.

Da der Bericht des Grafen Solms schon vielfach Gegenstand der Betrachtung seitens der Presse gewesen ist und durch meine umstehende Schilderung der brasilianischen Zustände sich von selbst beleuchtet, so will ich nur eines seiner eigenthümlichen Charakterzüge hier erwähnen, der ein Streiflicht auf die amtliche Stellung des deutschen Consuls und auf das Verhälniß wirft, in welchem dieser zu dem Geschäftsträger seiner Regierung steht.

Graf Solms sagt mißbilligend, daß „der deutsche Consul in Porto Alegre die Sache der Einwanderung und Kolonisation in der Provinz Rio Grande do Sul vom principiellen Standpunkte aus betrachte und darum günstiger beurtheile, als sie es in Rücksicht auf die allgemeinen Verhältnisse in Brasilien in Wirklichkeit verdiene."

Ich halte diesen Vorwurf gegen Herrn Ter Brüggen für ungerechtfertigt, denn Letzterer berichtet über die Kolonisation jener Provinz genau so, wie er sie seit vielen Jahren praktisch vor Augen hat; er schwächt die Darlegung des Thatbestandes aber nicht ab, noch trübt er die Klarheit derselben durch Reflexionen und Bezugnahmen auf die allgemeinen Verhältnisse in Brasilien: und das kann meines Dafürhaltens den Werth und die Beweiskraft seines Berichts nur erhöhen und verdient wohl am wenigsten die Rüge einer zu principiellen Behandlung der Sache. Verlangt aber der Gesandte oder Ministerresident, daß die amtlichen Mittheilungen der Consuln (ich glaube kaum, daß diese Jenem direkt subordinirt sind) nicht nach dem wirklichen Thatbestande oder der eigenen Anschauung und Auffassung dieser, sondern nach gewissen vorgeschriebenen Principien ausgefertigt sein sollen, so dürfte der

Uebelstand nicht ausbleiben, daß niemals eine genaue richtige Erkenntniß der überseeischen Zustände in den diesseitigen maaßgebenden Kreisen Platz greifen könnte!

Nur unter solcher Annahme kann man sich erklären, aus welchen Gründen Consul Haupt im Jahre 1866 sein, der brasil. Kolonisation früher günstiges Urtheil so plötzlich in ein entgegengesetztes umwandelte!

Der Verfasser des „Mahnrufs" fährt fort:

„. . . Doch wollen wir nicht unerwähnt lassen, daß Brasi„lien sich der europäischen Civilisation in sofern genähert hat, als „in einigen industriellen Etablissements der Provinz Bahia Strikes „ausgebrochen sind, während die hin und wieder veranstalteten „Ausstellungen ihrem innern Werthe nach nur als Civilisations„Komödien bezeichnet werden können."

„Der Wucht aller dieser Zustände und der Berichte von „Vertretern der verschiedensten Länder haben sich daher auch fast „alle europäischen Regierungen nicht zu entziehn vermocht, und „erst in jüngster Zeit haben sich die Schweizerische, Portugiesische, „Englische und Belgische Regierung veranlaßt gesehen, der Aus„wanderung nach Brasilien auf das Entschiedenste durch öffentliche „Warnungen entgegen zu treten."

Ohne jedweden weiteren Commentar überlasse ich dem Leser die Art und Weise zu qualificiren, in welcher der Verfasser sich in dem ersten Theil über die Civilisation Brasiliens ausspricht; in Bezug auf die Ausstellungen, die nur Civilisations-Komödien sein sollen, verweise ich den Leser an das Urtheil, das über die „brasilianische Abtheilung in der Wiener Weltausstellung von gediegenen Fachmännern und tausenden von Besuchern so günstig gegeben worden ist. —" Des Sarkasmus, des vortrefflichsten Heilmittels socialer Schäden, hätte sich der Verfasser nicht zu bedienen brauchen, auch nicht der so häufig von ihm ausgesprochenen Beleidigungen, denn sie werden in Nichts zur größern Glaubwürdigkeit seiner Kritik beitragen; ihnen stehen Urtheile längst anerkannter Celebritäten, wie Professor Dr. Wappaus, v. Tschudi, Dr. R. A. Lallemant, Dr. Hensel, Waldemar Schultz,

Aubertin, Dörffel rc. und vieler Ausländer gegenüber, mit denen Herr Schenke wol nicht in Concurrenz zu treten vermöchte.

In Betreff des zweiten Punktes und zwar der Warnung vor Auswanderung nach Brasilien seitens anderer, als der deutschen Regierungen, ist Manches zu erwidern, das freilich tiefere Einsicht in die politischen und socialen, eine größere Kenntniß der überseeischen Verhältnisse, als die gewöhnliche, alltägliche voraussetzt und unter allen Umständen wenigstens auf einige eigene Erfahrung und Wahrnehmung sich basiren muß. Wer diese nicht hat, der sollte sich nicht so leicht zu einem apodiktischen Urtheile, wie der Verfasser des Mahnrufs, verleiten lassen!

Ich habe bereits erwähnt, was an den Warnungen und humanistischen Bestrebungen, seitens der englischen Behörden zu halten ist; daß aber viele der englischen Kolonisten, ja ihre Mehrzahl, in Brasilien kein gutes Loos zieht, das hat seine Richtigkeit, liegt aber weniger an dem Klima, an der Art der Nahrungsmittel, an dem schlechten Boden und an der Behandlung seitens der Brasilianer (was Alles jenem Lande zum Vorwurfe gemacht wird), sondern in dem geringen Arbeitstriebe und dem widerspenstigen Charakter, durch welche Eigenschaften sich bisher die englische Einwanderung in Brasilien gekennzeichnet hat. Ich wiederhole hier noch einmal, daß der arbeitsame, mäßige, irländische Landmann nicht nach Brasilien, sondern nach andern Ländern auswandert, daß nur der in den Fabriken verkommene, demoralisirte und aller und jeder Mittel beraubte Arbeiter, sobald ihm irgend welche pekuniaire, augenblickliche Vergünstigung seitens spekulirender Agenten geboten wird, nach Brasilien oder überhaupt nach Südamerika auswandert. —

Nun muß es doch sonderbar erscheinen, daß der englische Einwanderer in keinem Theile Brasiliens gedeiht, selbst nicht einmal in denjenigen Landstrichen, in denen die deutsche Kolonisation so gute Fortschritte macht, wie in der Provinz Rio Grande do Sul! Auch von dort bestätigen die Nachrichten, daß die freiwilligen oder contraktlich engagirten englischen Kolonisten nicht bleiben, ja nicht einmal den Versuch zur Arbeit machen, sondern nur die

Regierung mit Geldforderungen bestürmen und ihr die größten Verlegenheiten bereiten.

Die Kolonisationsgeschichte der Provinz weist nach, daß alle Versuche mit irischen Einwanderern (wir erinnern nur an Monte Bonito und Pedro II bei Pelotas) scheiterten, während die der Deutschen fortschritten und zu einer außerordentlichen Blüthe gelangten. Die englischen Kolonisten erhielten aber dieselben, ja oftmals noch größere Vergünstigungen, als die Deutschen. Warum konnten sie sich nicht auch erhalten?

Was für die englische Einwanderung in Brasilien gilt, das hat fast ohne Ausnahme Bezug auf die übrigen europäischen Nationalitäten.

Die einzige Ausnahme möchte ich nur dem Schweizer zuerkennen. —

Aus meiner eigenen langjährigen Erfahrung in verschiedenen Provinzen des Reichs vermag ich zu constatiren, daß der Schweizer ein guter Landmann ist, wenn auch weniger duldsam in Ertragung von Strapazen und sehr viel prätentiöser als der Deutsche. Den Schweizer Kolonisten, die ich auf den Regierungskolonien in der Provinz Espirito Santo kennen lernte, ging es gut, so lange sie nicht die Ausdauer verloren; andere aber, und namentlich in Rio Novo, zeichneten sich durch Eigensinn und Widersetzlichkeit aus, kamen weniger gut fort, weil sie, statt zu arbeiten, viel Zeit auf Abfassung von Klage- und Beschwerdeschriften verwendeten.

Neben den Schweizern hatte ich Gelegenheit, auch portugiesische, belgische, holländische, französische und einige sardinische Kolonisten zu beobachten und bei ihnen die Bemerkung zu machen, daß sie — immerhin einige Ausnahmen abgerechnet — entweder keine Lust oder zu wenig Energie zeigten, um die erste, freilich schwere Zeit der Ansiedlung zu ertragen. — Unmöglich ist anzunehmen, daß sie sämmtlich infolge Vorspiegelungen gewissenloser Auswanderungsagenten nach Brasilien gekommen sein sollten, denn sonst müßte man dasselbe auch bei den deutschen Einwanderern, die zu gleicher Zeit und unter gleichen Bedingungen mit ihnen kamen, voraussetzen. —

Aus meiner Praxis citire ich z. B. ein Faktum, wie es in Santa Leopoldina in der Provinz Espirito Santo und in ähnlicher Weise auch auf andern Kolonien sich kundgab. — Der Direktor jener Kolonie erhielt zu gleicher Zeit, unter gleichen Bedingungen und Vergünstigungen numerisch gleich starke und arbeitsfähige Kolonistenfamilien holländischer und deutscher Nationalität (Pommern), gab ihnen gleich gute, nebeneinander liegende Kolonieloose. — Nach drei Jahren waren die ersten fast noch in denselben Bedrängnissen wie zu Anfang ihrer Ansiedlung, d. h. sie hatten noch keinen genügenden Unterhalt, wohnten immer noch in ihren provisorischen Hütten und bettelten fortdauernd um Unterstützung und Zulassung zu den öffentlichen Arbeiten, während die Letztern, die Pommern, längst ohne jedwede Unterstützung lebten, ihre Kaffeepflanzungen derart betrieben hatten, daß sie bereits im folgenden Jahre auf eine kleine Ernte (der dortige Kaffeebaum bedarf 4—5 Jahre zu seiner ersten Ernte) rechnen, bis dahin aber aus dem Ertrage ihres Ackerbaus (Mais, Bohnen, Gemüse, Taback pp.) hinlänglich existiren, ordentliche Wohnungen beziehen und bereits etwas Vieh im Stalle halten konnten.

Wie wenig richtige Erkenntniß manche Kolonisten von dem Zwecke ihrer Ansiedlung hatten, dafür spricht folgendes Kuriosum.

Als ich zum erstenmal im Auftrage der Regierung die Kolonie Rio Novo (dieselbe, über welche der Schweizer Gesandte, H. v. Tschudi, in seinen Werken eingehend berichtet und in der zur Zeit ihrer Abhängigkeit von einer Privatgesellschaft manche Unregelmäßigkeit, weniger aus Nachlässigkeit, als aus Mangel an Kenntniß, vorgefallen war) besuchte, fiel mir ein Kolonieloos im Centrum der Kolonie durch seine Wohlhabenheit besonders auf. — Es gehörte einem französischen Ansiedler, der es auf Credit von der Direktion übernommen und bereits seit einem Jahre bewohnt hatte. Da die Kolonie einen Theil eines früheren Gutes ausmachte, so waren schon Kaffeebäume und andere fruchtgebende Pflanzungen, sowie ein Wohnhäuschen auf ihr vorhanden. Die Frau des Kolonisten führte mich zu ihrem Manne, den ich am Fuße eines kleinen Wasserfalls, inmitten einer herrlichen Vegetation lesend antraf und der mir sagte, daß er im Ganzen mit seinem Loose wol zufrieden sei, sich aber über den Direktor zu beklagen habe, denn dieser wollte ihm keine Lebensmittel mehr liefern. — Auf meine Bemerkung, daß die Direktion sich nur für eine kürzere Zeit zur Lieferung von Lebensmitteln verbindlich gemacht habe, daß er derselben auch nicht bedürfe, sobald er nur in seiner Besitzung arbeiten wolle, entgegnete er mir, daß er Brasilien nur als eine Verpflegungsanstalt betrachte und nicht dahin gegangen sei, um sein Brod durch Arbeit zu verdienen.

Ein Anderer aus der französischen Schweiz, der ein bereits ziemlich eingerichtetes Grundstück von der Direktion, natürlich auch auf Credit, erhalten hatte, begehrte in der ungestümsten Weise längere als einjährige Unterstützung, trotzdem daß er deren gar nicht bedurfte und allein aus seinem Walde während seines einjährigen Aufenthalts für mehr als 1000 Thaler Jacaranda-Holz verkauft hatte. Mit Titulaturen, wie sie nur die tiefste Hefe des Volks erfinden kann, sind die achtungswerthesten Beamten und Personen von dergleichen Müßiggängern belegt worden, sobald sie ihnen nicht stets Unterstützungen zukommen ließen. —

Es ist bereits verschiedentlich erwähnt worden und kann nicht oft genug hervorgehoben werden, daß jeder mittellose Einwanderer und selbst dieser, sobald er sich dem Ackerbau widmet, einen schweren Anfang durchzumachen hat, ja daß eine gewisse Nüchternheit und Entsagung nöthig ist, um die ersten Jahre der Ansiedlung durchzumachen. An diesem Problem scheitern Manche: aus eigener Anschauung sage ich, die meisten der nicht-deutschen Einwanderer, in den seltensten Fällen aber der deutsche, tüchtige Bauersmann. —

Nur die allergrößte Ignoranz und schaamloseste Verläumdung kann der brasilianischen Regierung den Vorwurf machen, daß sie nicht für ihre Einwanderer sorge und daß diese seitens der Grundbesitzer nur wie Sklaven behandelt würden, auch keine Rechte, sondern nur Pflichten hätten!

Bei allen Irrthümern und selbst Mißgriffen, die in dem Kolonisationsverfahren begangen sein mögen und sind, bei allen

Täuschungen der Einwanderer seitens gewissenloser Agenten, und endlich bei allen Widerwärtigkeiten, denen mancher Kolonist ausgesetzt gewesen ist, finden wir doch, daß es dem arbeitsamen Ackerbauer durchgängig sehr gut in Brasilien geht, und darum ist es nicht zu billigen, wenn eine große Zahl dieser nur in den seltensten Fällen den Wunsch oder Willen zu erkennen giebt, ihren contraktlichen Verbindlichkeiten nachzukommen, die Ländereien und empfangene Unterstützungen rc. zu bezahlen: wenn in solchen Fällen die Regierung und die Behörden ihr Recht geltend machen und gesetzliche Maaßregeln einschlagen wollen, dann schreit man gegen „Vergewaltigung der armen, betrogenen Einwanderer" und das Ende vom Liede ist dann gewöhnlich ein Protest, eine Reklamation seitens des respektiven Consuls!

Auf welche Weise soll die Regierung ihr Recht in Anspruch nehmen, wenn nicht durch polizeiliche Maaßregeln? Laboriren wir in Deutschland nicht auch noch an einem Gesetze, das gegen den Contraktbruch schützt und leidet unser deutsches landwirthschaftliches System nicht auch an Mängeln, deren Beseitigung, wie Graf Eulenburg sagt, nur dann erst möglich sein wird, wenn die Großgrundbesitzer einsehen gelernt haben, daß die Lohnverhältnisse der ländlichen Arbeiter im Vergleich zu der Stellung der andern Arbeiter, wahrhaft klägliche sind?

Auf welche Weise sollen sich brasilianische Behörden und Privatleute gegen anmaaßende Forderungen amerikanischer, britischer und selbst französischer und belgischer Einwanderer schützen, deren Regierungen die Auswanderung nach Brasilien zulassen, dann aber — wenn nicht die exigentesten pekuniairen Forderungen bewilligt werden — vor Auswanderung warnen?

Durch Ueberstürzung in der Heranziehung von Einwanderern und durch unrichtige Vertheilung der Kolonisten an Orten, die noch nicht vollständig ausgerüstet und vorbereitet waren, ist mancher Einwanderer vielleicht in eine traurige Lage versetzt worden, allein in solchen Fällen hat die Regierung stets bereitwilligst geholfen und beweist sie dieselbe Fürsorge noch heute durch die Absendung geeigneter Commissaire und durch Spendung neuer Mittel.

Ich wiederhole hier noch einmal, daß ich gegen jedes Engagement von Einwanderern durch Agenten bin und nur die rein spontane Einwanderung als heilbringend für das Land anerkenne, für Deutschland aber speciell so lange, als bis daselbst Auswanderungsagenturen gestattet und diese unter die Controlle der Behörden gestellt sein werden. Auch halte ich es für Pflicht einer jeden, namentlich aber der deutschen Regierung, daß sie Gelegenheit und Mittel finde und anwende, um sich ein vollständig klares Bild von jenen überseeischen Zuständen zu verschaffen und zwar durch gewissenhafte Untersuchungen an Ort und Stelle, welchen die brasilianische Regierung stets bereitwilligst entgegengekommen ist. (Ich erinnere nur an die Besuche der preußischen Ministerresidenten auf den Kolonien, an die Legalisirung der Kolonien von Saõ Leopoldo u. s. w.)

Wie sehr die Reichsregierung bereits die Nothwendigkeit einer gründlicheren Kenntnißnahme der überseeischen Zustände und Verhältnisse zur Entwickelung des Handels anerkennt, das beweist die beabsichtigte und zum Theil schon ins Leben getretene Vermehrung und Verbesserung ihrer Consulate. Freilich ist es für die Staatsökonomie vortheilhaft, wenn der Consul oder Geschäftsträger umsonst, ohne jedwede Gratification, sein Amt verwaltet, allein darum kann man von ihm auch nicht verlangen, daß er sich ganz seinem amtlichen Berufe widmet. Daß aber mit halber Thätigkeit dem Interesse des Vaterlandes nicht gedient sein kann, liegt außer aller Frage. Die Vermehrung der deutschen Berufsconsuln, wie sie von der Reichsregierung in Aussicht genommen ist, beweist deutlich, wie sehr auch die Handelsinteressen mit in den Vordergrund des politischen Lebens getreten und von der äußersten Wichtigkeit geworden sind.

Welchen Zweck hatte der Graf Solms'sche Bericht? Er sollte wie aus seinem Inhalte sich leicht erkennen läßt, eine Pression auf die brasilianische Regierung ausüben, um diese zum Abschlusse einer meistbegünstigten Consular-Convention mit Deutschland schneller geneigt zu machen.

Solch' ein Verlangen, so gerechtfertigt es auch in mancher

Beziehung sein mag, ist wol aber am Wenigsten auf eine Weise realisirbar, durch welche die Regierung jenes Landes empfindlich berührt wird; und ob die in die Oeffentlichkeit gedrungenen Auslassungen der Presse, wie die folgenden:

„Die brasilianische Regierung hat bei allem Wunsch, Arbeiter „herbeizuziehn, nicht die Energie, die Sache selbst in die Hand „zu nehmen. Die von ihr verausgabten Summen dienen nur „dazu, die Agenten zu bereichern, dem Auswanderer selbst wird „nicht die geringste Garantie geboten. Die Contrakte der Letztern „sind nicht controlirt und diese beuten die Auswanderer nach wie „vor zu ihrem Vortheile aus. Suchen die Betrogenen dann Schutz „und Recht bei ihrer Gesandtschaft oder ihren Consuln, so ist „nicht einmal eine Consular-Convention vorhanden, auf Grund „deren man sich seiner Landsleute annehmen könnte . . . . .“

„Einige Deutsche, denen es geglückt ist und es vielleicht schon „in der zweiten Generation zur Wohlhabenheit gebracht haben, „gehören ebenfalls schon zur Klasse der Fazendeiros, sind nicht „besser als die einheimischen Brasilianer und bei ihren Anstren-„gungen deutsche Landsleute herüber zu ziehen, nur von dem „egoistischen Wunsche geleitet, für ihre Besitzungen deutsche Ar-„beitskräfte zu gewinnen . . .“

überhaupt dazu beitragen können, den Abschluß irgend eines, geschweige denn meistbegünstigten Consularvertrags schneller herbeizuführen, darüber will ich mir kein Urtheil erlauben.

In Bezug auf die Provinz Rio Grande kann ich noch erläuternd hinzufügen, daß gerade der Umstand, daß es auch in diesem bevorzugten Landestheile des Südens noch manche zu beseitigende Uebelstände giebt, eine verstärkte Einwanderung wünschen läßt. — Je mehr Deutsche dort hingehn, je mehr sie sich unter Bewahrung ihrer Sitten in die brasilianischen Verhältnisse hineinarbeiten und mit erworbenem Bürgerrechte in die öffentliche Verwaltung eingreifen, um so schneller wird eine Verbesserung jener Verhältnisse möglich sein und der Vortheil eintreten, den ich in Bezug auf deutsche Handelsinteressen so sehr in den Vordergrund zu stellen wünschte.

Daß es den eingebornen Brasilianern lieber wäre, wenn die Deutschen nicht so abgeschlossen blieben, ist nicht zu läugnen, allein, wie ich früher bereits bemerkte, bringt diese Isolirung der brasilianischen Nationalität keinen Abbruch, denn der Deutsche ist überall guter Patriot und strebt unaufhaltsam vorwärts.

Dieser Charakterzug des Deutschen ist auch von fremden Nationen in gebührender Weise bestätigt worden und finden wir z. B. in dem Werkchen eines, in den La Plata-Staaten lebenden Engländers, des Mr. Mulhall, die vollste Anerkennung darüber ausgesprochen. — Indem dieser seinen Landsleuten in Europa Lustreisen bis nach der Provinz Rio Grande do Sul anempfiehlt, spendet er den dortigen Deutschen folgendes Lob:

„Nur die deutsche Einwanderung ist in dieser Provinz als „eine gedeihliche zu betrachten und der Erfolg dieser Leute ist „hervorgegangen aus ihrer Geduld und ausdauernden Thätigkeit „in der Pflege ihres kleinen Landbesitzes, welches sie mit Stolz „ihr Eigenthum nennen und den sie in ihrem Vaterlande (Germany) nicht hätten erringen können. Sie sind nicht nur arbeit„sam, sondern auch sparsam und fähig, Entbehrungen und Be„schwerden zu ertragen; wenn auch ihr Fortschreiten zuweilen lang„sam ist, kommen sie doch sicher und stetig vorwärts. Die deutschen „Kolonisten sprechen gewöhnlich und ausschließlich ihre Mutter„sprache; ihre Kinder bewahren dies Band der Nationalität, als „ob sie in Deutschland geboren wären, aber sie verstehen ebenso „gut portugiesisch. Ich theile die Besorgnisse Derjenigen nicht, „die da meinen, es sei gefährlich, so ein mächtiges fremdes Ele„memt in der Provinz zu heben. Die Kolonisten und ihre Kin„der haben ein aufrichtiges Gefühl für ihr neues Vaterland und „sprechen mit fast kindlicher Verehrung von dem Kaiser von „Brasilien. Sie sind weder von lässigem, noch von ehrgeizigem „Charakter, widmen sich nur ihrer Familie und dem Betriebe „ihrer Besitzungen, denken nicht daran, nach der alten Heimath „zurückzukehren, sondern betrachten sich als Brasilianer und können „in derselben Weise wie in den Vereinigten Staaten von Nord-

„amerika oder in Australien zu den besten und nützlichsten Bürgern „gerechnet werden.“

Von andern europäischen Einwanderern und deren Nutzen in Brasilien sagt auf die Frage eines, in Rio Janeiro erscheinenden französischen Blatts, des „Bulletin d'outre-Mer“: „welches sind denn die hervorragenden Eigenschaften der deutschen Einwanderung in Brasilien?“ ein geschätztes Blatt sehr richtig Folgendes:

„Von Portugal kommen keine oder nur wenige Ackerbauer, dagegen aber ganze Schiffsladungen von Knaben, die den Detailhandel in Brasilien auslernen und ausbeuten; es kommen nur Straßenreiniger und Wasserträger, freilich auch Handwerker und Arbeiter, die aber alle wieder mit einem kleinen, mühsam erworbenen Kapital nach Europa zurückkehren, für die weitere Dauer aber dem Lande keinen Vortheil bringen. Frankreich liefert ebensowenig Ackerbauer, wol aber Hôtelwirthe, Friseure, Barbiere und Galanteriewaarenhändler; Italien arbeitsscheue Menschen, Leierkastenkünstler, Stiefelputzer und Savoyardenknaben; Engländer, Amerikaner u. s. w., von denen freilich auch ganze Schiffsladungen von Pseudo-Landleuten per Contrakte kommen, zeichnen sich durch Rohheit, Anmaßung und Uebertriebenheit in ihren Forderungen aus, wollen nicht arbeiten und erhalten die Regierung in fortdauernder Spannung.“ —

„Die Deutschen dagegen, und der Brasilianer gesteht es gern zu, befördern den Nationalreichthum, sind arbeitsam, sittsam und üben einen vortheilhaften Einfluß auf die einheimische Landbevölkerung aus (wie in den Provinzen Rio Grande und Santa Catharina).“ Im Gegensatze hierzu sagt der Verfasser „des Mahnrufs:“

„Grund genug zu einem energischen Vorgehn der Reichs„regierung ist wahrlich vorhanden, nachdem seit länger als „30 Jahren eine von Brasilien bezahlte und subventionirte zahl„reiche Literatur das Geschäft der Werbeagenten leider nur zu „sehr befördert hat. Es wäre ein verdienstliches Werk von Seiten „der Regierung, amtlich eine Revision aller seit 20 Jahren er-

„schienenen Anpreisungsschriften und Bücher, gewisser Zeitschriften „und der unzähligen Zeitungsartikel zur Empfehlung Brasiliens „als Auswanderungsziel für Deutsche, vornehmen und sämmtlichen „Schriftwerken dieser Art ihre gerechte Würdigung angedeihen zu „lassen. Man hat diese in der That durchweg auf Subsidien „gegründete Literatur ohne alle staatliche Einrede ungestört fort„wuchern lassen und auf diese Weise ist durch die gebotenen ver„führerischen Schilderungen und systematischen Täuschungen nicht „allein viel Unglück hervorgerufen, sondern auch Unruhe und Un„zufriedenheit in unserm Lande, besonders unter den Landleuten, „gestiftet worden." —

Nun führt der Verfasser des „Mahnrufs" die Schriften und Berichte des „Hamburger Kolonisations-Vereins," des Dr. Blumenau, des früheren preußischen Viceconsuls Köhler, der früheren Rudelstädter Auswanderungs-Zeitung, des früheren Direktors von Mucury R. Schlobach, der „Deutschen Zeitung" von Porto Alegre, endlich auch die meinigen, als solche an, welche zu der Kategorie jener verführerischen Schilderungen und systematischen Täuschungen dienen sollen und gestattet sich die Persönlichkeiten und Charaktere dieser Berichterstatter mit unwürdigen Attributen zu belegen, dagegen das Loblied Anderer, die längst als persönliche Feinde Brasiliens bekannt und verurtheilt sind, zu singen, zu welchem Behufe er namentlich den kürzlich zum „Deutschen Viceconsul" ernannten Redakteur der „Germania" in Petropolis (Brasilien) als „uneigennützigen Patrioten" hervorhebt. —

Dieser ungerechtfertigten Handlungsweise des Autors gegenüber stimme ich und vielleicht ein Jeder, der für seine Schriften Verantwortung zu übernehmen vermag, mit in seinen „großherzigen Wunsch" ein, daß eine Revision aller dieser über Brasilien handelnden Schriften seitens der deutschen Regierung vorgenommen werden möchte, natürlich auch derjenigrn, die es sich zur Pflicht gemacht haben, durch Entstellung der Wahrheit und durch persönliche Beleidigung die öffentliche Meinung in Deutschland irre zu führen; nur würde dies eine gewisse Schwierigkeit haben, nämlich die: „Wer soll der Revisor und Richter sein?"

Schwerlich würde dies in Berlin selbst durchzuführen sein: allein ein Ausweg wäre der, daß man den Verfasser des „Mahnrufs“ und alle Diejenigen, welche nur hinter dem warmen Ofen ihr Material über Brasilien gesammelt haben, denen aber das tägliche Brod bei dem Gedanken, daß hunderte, vielleicht tausende ihrer Mitmenschen in Brasilien mit Hunger und Elend, mit den Indianern und wilden Thieren zu kämpfen haben, nicht zu schmecken vermag, nach Brasilien, nach den Kolonien schickte und sie diejenigen Erfahrungen persönlich sammeln und mit ihren Berichten vergleichen ließe, mit denen sie sich breit zu machen Gelegenheit genommen haben!

Wer die Berichte des Hamburger Kolonisations-Vereins gelesen hat und den Inhalt derselben nicht absichtlich verdrehen will, der kann unmöglich behaupten, daß durch sie Leute zur Auswanderung nach Brasilien verleitet würden; — aber eben so wenig ist auch die, in neuerer Zeit stattgehabte Auswanderung von der Kolonie nach der D. Francisca-Straße und der Hochebene von Paraná ein Zeichen von der traurigen Lage ihrer Bewohner. Ich habe einer ähnlichen Auswanderung, und zwar bei der Beschreibung der Kolonie von São Leopoldo erwähnt und dargethan, wie sehr der Deutsche seinen Wirkungskreis stets zu vergrößern sucht, namentlich dann, wenn durch Vergrößerung seiner Familie, durch Theilung und Erbschaften, der Raum und der Boden ihm zur vollständigen Entfaltung seiner Arbeitskraft zu klein wird.

Im vollsten Einklange mit den Berichten der Direktion jenes Vereins befinde ich mich auch in Bezug auf folgende von ihr gemachte Aeußerung:

„Unsere Beziehungen zur kaiserlich brasilianischen Regierung „ließen im verflossenen Jahre nichts zu wünschen übrig; man ist „uns von jener Seite stets mit Wohlwollen entgegengekommen, „wogegen auch wir Alles aufgeboten haben, die Kolonisation Bra„siliens zum Segen des Landes und nach unserer gewissenhaften „Ueberzeugung gleichzeitig zum Wohl der dahin übersiedelnden Ko„lonisten zu fördern. Die Erfüllung dieser Aufgabe, welche wir

„uns gestellt haben, wird aber von Jahr zu Jahr schwieriger, indem „sich die Anfeindungen der Presse und der Behörden in Deutschland „in immer größerem Maaße häufen und selbst die kleinlichsten Mittel „nicht verschmäht werden, um die Auswanderung zu erschweren."

„Wenn Sie die vorstehenden Zahlen mit denen unserer „früheren Jahresberichte vergleichen, so werden Sie daraus die „erfreuliche Thatsache vernehmen, daß die Kolonie ruhig und un- „behindert durch die vielfachen gehässigen Anfeindungen, denen „die brasilianische Kolonisation leider ausgesetzt ist, fortschreitet „und von Jahr zu Jahr an Selbstständigkeit gewinnt."

„Wir haben im verflossenen Sommer Gelegenheit gehabt, „mehrere Kolonisten hier zu sprechen, welche zum Theil seit langen „Jahren in „Donna Francisca" ansäßig, nur zum Zweck geschäft- „licher Einkäufe herübergekommen waren und jetzt bereits nach „der Kolonie zurückgekehrt sind (u. a. H. Kaufmann Mattheus „Beigel, H. Sattler Schulz, Frau Körner, Fr. Kohn u. s. w.) „und freuen wir uns, Ihnen die Versicherung geben zu können, „daß diese Alle sich zufriedenstellend über die innern Verhältnisse „der Kolonie geäußert und die Ueberzeugung ausgesprochen haben, „daß von den fleißigen und nüchternen Kolonisten, welche einmal „die Schwierigkeiten und Mühen des ersten Anfangs überwunden „haben, sich keiner nach der alten Heimath zurücksehnt."

„Solche Zeugnisse sind beredter als lange Abhandlungen für „oder wider die brasilianische Kolonisation. Sie ermuntern uns „denn auch, unbeirrt in unseren bisherigen Bestrebungen fortzu- „fahren, und lassen uns die Ungerechtigkeit und den Undank, mit „welchem solche nur zu oft beurtheilt und belohnt sind, ver- „gessen. —"

Auch in dieser Angelegenheit enthalte ich mich eines jeden weitern Commentars und überlasse dem geneigten Leser die Entscheidung, ob jener Direktion oder dem Laien in brasil. Kolonisationsangelegenheiten, wie es H. Schentke ist, mehr Glauben zu schenken ist?

Was Herrn Dr. Blumenau anbetrifft, dessen Schriften jener Autor ebenfalls zu den systematischen Täuschungen rechnet, so ist bereits durch den Federkrieg, welchen derselbe mit dem frühern brasilianischen Consul und wie der Verfasser des „Mahnrufs" ihn nennt, mit dem wackern und mannhaften Sturz, zu bestehen hatte und aus dem H. Blumenau siegreich hervorging, längst klar bewiesen, daß er, wie Alle, welche Brasilien aus neuerer Zeit und namentlich aus seiner Kolonisation praktisch kennen, nur der Gegenstand gehässiger und persönlicher Anfeindungen von Personen ist, die entweder Nichts von jenem Lande kennen, oder dieses nach ihren früheren, gegenwärtig aber „antidiluvianischen" Ansichten be- und verurtheilen. —

Auch die Neuzeit hat weitere Beweise durch höchst unpartheiische und ehrenhafte Berichterstatter, wie H. Dr. Hofmeister aus Rottenburg, die in wissenschaftlichem Interesse die Kolonie Blumenau und andere landwirthschaftliche brasil. Etablissements bereisten, geliefert und festgestellt, daß unsere deutsche officiöse Presse in Bezug auf das Prosperien der Kolonien sehr schlecht berichtet ist. —

Einen weitern Beweis dafür will ich dem geneigten Leser in Folgendem geben:

In Petropolis (in der Nähe von Rio de Janeiro) existirte bis vor Kurzem noch eine deutsche Zeitung, die „Germania", deren Redacteur, ein Herr Peter Müller, noch in der letzten Zeit seiner journalistischen Thätigkeit zum „deutschen Vice-Consul" ernannt wurde.

Daß die Tendenz dieser Zeitung eine specifisch-preußische war und als Organ der betreffenden, spätern deutschen Gesandtschaft diente, geht aus dem Umstande der Ernennung des Redakteurs zum deutschen Consul hervor; und darüber wäre ja Nichts zu sagen, wenn die Zeitung damit auch den Interessen der Deutschen Regierung, namentlich aber den Kolonisten in Brasilien entsprochen hätte. — Als Gegnerin der brasilianischen Kolonisationsunternehmungen und der vortrefflich redigirten „Deutschen Zeitung" in Porto Alegre (in der Provinz Rio Grande do Sul), welche stets deutsche Interessen und die günstige Entwickelung der deutschen Kolonisation in genannter Provinz vertritt, nahm sie bereitwilligst die Anfeindungen auf, mittelst welcher man die, von deutscher officieller Seite so sehr angestrebte Verhinderung der deutschen Einwanderung zu bewirken sucht. Namentlich öffnete sie auch die Spalten einem Schriftstücke, die „Kolonisationsfrage Brasiliens" betitelt, das H. Oskar v. Kessel zum Verfasser hat und dem besagten Zwecke entsprechen soll. —

Um den Werth dieser Schrift einigermaaßen zu kennzeichnen und die Stellung zu erörtern, welche der Redakteur der „Germania" den Deutschen gegenüber eingenommen hat, theile ich in Folgendem ein offenen Brief mit, den die „Kolonie-Zeitung" von Joinville (Provinz Santa Catharina) publicirt und zu dessen Abfassung die ungerechtfertigte, ungünstige Kritik über die Kolonie Blumenau seitens p. v. Kessel Veranlassung gegeben hatte.

„Offenen Brief an den Redakteur der „Germania", Herrn Peter Müller in Petropolis":

„Mein Herr! Sie haben wieder einmal, wie leider früher „schon öfter, Ihre Spalten einem Machwerke, diesmal von v. Kessel, „geöffnet, das nicht geeignet ist, den deutschen Interessen zu dienen, „wie Sie doch allnummerlich an der Stirn Ihres Blatts Ihrem „Leserkreise verkünden. Würde Ihr Blatt nur in Brasilien ge„lesen, so würden wir es nicht der Mühe werth halten, eine „Widerlegung zu veröffentlichen, da hier Jedermann derartiges „Geschreibsel zu würdigen versteht. Allein Ihr Blatt wird von „Ihnen geflissentlich an die Redaktionen deutscher Blätter befördert „und dort, weil die feindlichen Tendenzen gegen Brasilien, — „man kann nur sagen jetzt, Dank dem bekannten „Sturz" — „Modesache geworden sind, als Autorität angesehen, welche Ehre „es freilich nicht verdient. Sie schädigen hauptsächlich, nicht die „Interessen Brasiliens sondern die der hier lebenden Deutschen „und wir müssen Sie für die in der v. Kessel'schen Schrift ent„haltenen Fälschungen, Lügen, Verdrehungen verantwortlich machen, „Sie, den deutschen Consul! Hätten Sie die Kessel'sche „Schrift ohne weitere Bemerkung in die Welt geschickt, so könnte „man zu ihrer Entschuldigung sagen: „der Mann hat das Ma„nuscript auf Treu und Glauben angenommen, er hat bei seinen

„vielen Geschäften nicht Zeit gehabt, es zu lesen, oder: „der arme „Mann muß froh sein, wenn ihm nur Material geliefert wird, „etwas Schofel kann schon mit unterlaufen, z. B. in Nr. 27, die „Perle im Sande. —" Doch Sie führen die Schrift dem Leser „mit einer empfehlenden Einleitung vor, Sie müssen sie also ge„lesen haben."

„Aber Sie haben auch gewußt, daß v. Kessel Brasilien ver„lassen, sich also jeder Verantwortung entziehen wollte, weshalb „diese allein auf Ihnen lastet."

„Wie oberflächlich Sie die Schrift gelesen haben, geht „daraus hervor, daß Sie in den wenigen einführenden Zeilen „einen argen Verstoß gegen die gesunde Vernunft begehen; Sie „sagen: Er (v. K.) ist unbedingt befähigt, ein richtiges, ja ent„scheidendes Urtheil abzugeben, denn er war lange Jahre Be„amter in Kolonisationssachen, hat also seine Erfahrungen an der „Quelle geschöpft und ist ein Freund Brasiliens."

„Dagegen sagt v. Kessel in der Einleitung und auf der „Spalte 22: „Die Kolonisationsagentur hat mit der Kolonisation „gar Nichts zu thun." Sie machen also den unlogischen, zu „deutsch „unvernünftigen" Schluß: Weil v. Kessel Beamter der „Kolonisationsagentur war, also Nichts mit der Kolonisation zu „thun hatte, ist er unbedingt befähigt . . . . . . 2c."

„Ziehen Sie, mein Herr, immer los gegen wirkliche Fehler „und Uebel, Sie werden alle Wohldenkenden bereit finden, Ihnen „beizustimmen, wenn Sie das Schlechte „schlecht," das Unwahre „Lüge nennen, aber verschonen Sie mit Kesselpauken und Thee„kesseln"

„Ihre ergebensten Blumenauer."

Zur Erläuterung dieses Briefs, aus dem ich die ganze Angelegenheit, welche die geschickte Verwaltung der Kolonie ihre zufriedenstellende Entwickelung und die gute und zufriedene Lage der über 7000 starken deutschen Bevölkerung betrifft und die von v. Kessel, ebenso wie von dem Verfasser des „Mahnrufs," auf's Heftigste angegriffen wird, weggelassen habe, erwähne ich, daß v. Kessel, als Dollmetscher eines brasilianischen Commissairs, nach der Kolonie Blumenau gekommen war, sich nur ganz kurze Zeit daselbst aufgehalten und die Kolonie selbst — weil er Gegner des Direktors, des Dr. Blumenau, war — in seiner Schrift schlecht zu machen versucht hatte, dafür aber von den dortigen deutschen Kolonisten obige, an den Redakteur der „Germania“ gerichtete und wol verdiente Zurechtweisung erfahren mußte. —

Wenn der Verfasser des „Mahnrufs“ die Mittheilungen derjenigen Personen, welche Kolonialdirektoren in Brasilien gewesen und wol am Besten im Stande sind, die dortigen Verhältnisse zu beurtheilen, zu „systematischen Täuschungen“ stempelt, wie er es mit denen von Herrn Schlobach, Dr. Blumenau und endlich auch mit den meinigen thut, und sich auf Kosten Aller zum „Censor und Apostel der Humanität“ aufschwingt, so kann der verständige Mensch ihn nur bemitleiden und wol mit Recht sein Machwerk mit dem Namen einer „Schmähschrift“ belegen; dagegen aber wahrhaft bedauern muß man es, daß preußische Behörden zur Verbreitung derselben die Hand bieten konnten!

In Bezug auf meine Person erkläre ich dem Verfasser des Mahnrufs, wie es bereits andern Orts geschehen ist, daß ich ebenso wenig „brasilianischer Auswanderungsagent,“ wie gesonnen bin, nach den Quellen seiner Mittheilungen zu forschen, denn die Unlauterkeit derselben liegt klar zu Tage und dient schon lange der Berliner Journalistik zur Verfolgung eines ebenso **unlautern Zwecks**.

Endlich erwähne ich noch, als Gegensatz zu den traurigen Machwerken der Neuzeit, der „**deutschen Zeitung**“ von Porto Alegre unter der Redaktion des Herrn v. Kosenitz.

Wenn der Verfasser des „**Mahnrufs**“ auch nur eine Ahnung von der Tendenz dieses Blatts hätte, das als Organ der Deutschen in Brasilien zu betrachten ist, wenn er wüßte, wie dieses die Interessen der Deutschen wahrnimmt, wie dem Redakteur und seinen Bestrebungen in der Provinz Rio Grande do Sul es mit zu verdanken ist, daß bei den dortigen Deutschen und ihren Nachkommen die Liebe und Anhänglichkeit zu dem alten Heimathlande nicht erkalte, daß durch ihn der Obskurantismus und

Ultramontanismus, den die deutschen Jesuiten in den Kolonien zu befördern suchen, niedergekämpft wird; wenn endlich Herrn Schentke bekannt wäre, daß Herr von Koseritz (der Autor des Werks „Rom vor dem Tribunal des Jahrhunderts“ und anderer zur Aufklärung beitragender Schriften in deutscher und portugiesischer Sprache), Vorstand des deutschen Rechtsschutz-Vereins ist, dann würde Herr Schentke sich selbst als „Pamphletist“ bezeichnen und zugeben müssen, daß er sich in der Verurtheilung der „deutschen Zeitung“ ebenso sehr, wie in der maaßlosen Glorificirung der „Germania,“ geirrt habe.

Es würde mich zu weit führen, wenn ich Punkt für Punkt die Schentke'sche Broschüre durchnehmen und beleuchten wollte, um so mehr da ich mich über die meisten Details der brasilianischen Kolonisationsgeschichte bereits eingehend geäußert habe und diese ein Streiflicht auf die entsprechenden Verhältnisse werfen, welche Herr Schentke durchgängig zu verdammen sucht. —

Jede Sache hat zwei Seiten: eine gute und eine schlechte. Indem Herr Schentke in seinem ganzen Schriftchen keine einzige gute Eigenschaft dem brasilianischen Lande, seiner Regierung und dem Volke zuzusprechen weiß, deren sie doch unbedingt eine oder die andere haben, dagegen aber vermittelst Anführung einzelner sehr unbegründeter Fakta sich ein Urtheil anzumaßen erlaubt, beweist er eben nur soviel, daß er Nichts von der kulturhistorischen Entwickelung jenes Landes und Volks kennt und Substitut Anderer ist, deren Mittheilungen bei dem lesenden Publikum keinen Glauben mehr finden.

Von der Provinz Rio Grande do Sul, welcher selbst der entschiedenste Gegner von Brasilien, Herr Sturz, das Wort zu reden weiß, behauptet Sch. nur, daß „die Einwanderung in dieselbe nicht ganz verwerflich erscheine“, sobald dort einmal die nothwendigsten socialen Grundlagen geschaffen sein werden.

Von der freisinnigen Constitution, der religiösen Toleranz, der vortrefflichen Schuleinrichtung Brasiliens, die von der Kirche ganz unabhängig ist und einen riesigen

Theil der Landeseinnahmen absorbirt, von den intellektuellen und materiellen Fortschritten, die das Land in den letzten Decennien gemacht hat, kann der Verfasser des „Mahnrufs" sicherlich keine Ahnung haben, denn sonst würde er nicht mit alten Fakta, die auch in ihren Grundzügen total entstellt sind, zur Beweisführung seiner modernen Behauptungen aufwarten. —

Betrachten wir z. B. eine dieser Schentke'schen Mittheilungen, wie sie folgendermaaßen angegeben ist:

„Im Jahre 1868 wurde 61 auf der Fazenda „Padre „Eterno" angesessenen Preußen von dem Landpotentaten Baron „Jacuhy ihr Land gewaltsam streitig gemacht, weil er dasselbe „angeblich von der Regierung gekauft hatte."

Ich kenne diese Angelegenheit auf das Genauste, da ich, als Mitglied (und zwar als Kurator der Kolonisten) der Special-Kommission zur Legalisirung der Kolonien von Saõ Leopoldo (von 1863—69), welche an jenes Gebiet „Padre Eterno" anstoßen, mit derselben jahrelang zu thun gehabt habe. Das Faktum ist Folgendes:

Zwei Deutsche Kraemer und Schmitt kauften in den vierziger Jahren ein Gut, obengenannte Fazenda „Padre Eterno", das einem Brasilianer gehörte, nicht vermessen und an einem sehr kleinen Theile nur kultivirt und bewohnt war. — Bei der zunehmenden Einwanderung in die Kolonien von Saõ Leopoldo verkauften die Besitzer eine Anzahl von Kolonieloosen an deutsche Einwanderer, die sich in der Nähe des schon kultivirten Theils des Guts niederließen.

Nach der Publikation des Gesetzes vom Jahre 1854 mußten Kraemer und Schmitt ihre Ländereien vermessen lassen, und da die topographischen Angaben und die Grenzen des Guts, zu dem sie noch im Laufe der Jahre ein anderes Stück Land hinzugekauft hatten, auf dem Titel nur sehr ungenügend angegeben waren (weil das Land mit Urwald bedeckt und die verschiedenen Bäche keine bestimmten Namen trugen), so konnte der betreffende Ingenieur, der mit der Vermessung beauftragt war, den Ländereien von Kraemer und Schmitt nur so viel Flächenraum zuerkennen, als eben die besagten Verkaufstitel angeben. — Das scheint denn den Eigenthümern, die auf Spekulation gekauft hatten, nicht genehm gewesen zu sein und so wurde — ob durch Bestechung oder Unkenntniß? thut nichts zur Sache — dem Besitzthum von Kraemer und Schmitt ein dreimal größerer Flächenraum bei der Vermessung gegeben. Da aber jede Vermessung erst von Seiten der Präsidentur anerkannt (julgado) werden muß und sich auch sehr bald das Gerücht verbreitet hatte, auf welche Weise die Vermessung gemacht worden sei, so wurde die Vermessung nicht bestätigt.

Trotz aller Warnungen von Seiten kompetenter Personen, von deutschen Kaufleuten und selbst Consuln, kehrten sich die Eigenthümer nicht an das Gesetz, sondern fuhren fort, Kolonieloose in Staatsländereien zu verkaufen, die ihnen natürlich nicht gehörten, und die Regierung mußte selbst endlich einschreiten, um diesem Mißbrauch Einhalt zu thun. Da ein Jeder Land kaufen und es sich aus den Staatsländereien durch Messung ausscheiden lassen kann, dann aber erst die Bestätigung der Vermessung abzuwarten hat, Kraemer und Schmitt aber das zu viel vermessene Land nicht von der Regierung kaufen, sondern ohne Zahlung behalten wollten, so verkaufte diese an den Baron Jacuhy das ihr gehörige Land und dieser mußte es ebenfalls vermessen lassen. Es war nun aber nöthig, daß der Käufer erst genau die Grenzen des Nachbars kennen lernen und diese durch eine Vermessung feststellen mußte; und da Kraemer und Schmitt ihr Land nicht nachmessen lassen wollten, so entstanden Prozesse, die beiden Theilen viel Geld kosteten und die Regierung nöthigten, die Vermessung vornehmen zu lassen.

Es stellte sich nun heraus, daß Kraemer und Schmitt eine viel größere Anzahl von Kolonien verkauft hatten, als ihre Ländereien ausmachten und die Regierung konnte nicht anders, als bestimmen, daß die Verkäufer die Käufer zu entschädigen hatten. — Die meisten der verkauften Kolonien waren aber unbewohnt und ohne jedwede Kultur, wol deshalb, weil jeder der Käufer wußte, daß Kraemer und Schmidt nicht das Recht zu verkaufen hatten und ihnen später doch das Geld zurückerstattet werden mußte. —

Alle diejenigen Kolonisten aber, die bereits ansäßig waren und deren Land schon in den usurpirten Ländereien lag, behielten ihr Land und durften nur den geringen Preis von $^1/_2$ real die Quadratbrasse zahlen, konnten aber von Kraemer und Schmitt die Rückzahlung reklamiren. Gegen diese haben die Besitzer sich gesträubt und Prozesse angestrengt, die viel und mehr kosteten als die Summen, welche sie an die Käufer zurückzuzahlen gehabt hätten.

Wenn nun Schentke sagt, daß 61 Preußen das Land gewaltsam streitig gemacht worden wäre und zwar unter dem Vorwande, daß dieses dem Baron Jacuhy gehöre, so wiederholt er nur eine Unwahrheit, die ziemlich allgemein verbreitet war; ebenso wie jener Baron der wirkliche Besitzer war und ist, ebenso gut wußten sämmtliche Käufer, daß sie die Hehler in diesem Geschäfte gewesen waren!

Ein weiteres Streiflicht auf die Immoralität dieser Affaire, welche leider unsern deutschen Kolonisten zur Last zu legen ist, wirft der Umstand, daß die Käufer der Fazenda „Padre Eterno" auch Landprozesse mit einigen deutschen Kolonisten anfingen, die sich lange vor dem Kaufe in den sogenannten „Vier Kolonien" angesiedelt und von der Regierung ihre Ländereien erhalten hatten.

Die Landerwerbswuth, bei der Machinationen, die nicht immer auf reellen Prinzipien beruhen, auch von Deutschen in nicht geringem Maaße angewendet worden sind, hat Manchen bereichert, aber auch viele Deutsche zu halsstarrigen Prozessen verleitet, die später höchst ungerecht zu Ungunsten Brasiliens von unserer deutschen Presse ausgebeutet worden sind.

In ähnlicher Weise verhält sich auch die Affaire auf der Kolonie von Saõ Lourenço, von der p. Schentke sagt:

„Auf der Rheingantz'schen Kolonie Saõ Lourenço hat man „die Kolonieplätze zum dritten Male vermessen. Zweimal, sagt „die „Germania", paßten die Kolonien nicht auf's Maaß und „so wurde nun das letztere verkleinert und so den Kolonien

„angepaßt. Es geht Alles, wenn man sich nur zu helfen „weiß."

Bekanntlich ist die Kolonie eine Privatkolonie, deren innere Eintheilung von dem Unternehmer gemacht ist. Bei jedem Verkaufe muß die gerichtliche Steuer bezahlt werden; von den Ländereien sind 6% von dem Verkaufspreise zu entrichten. In dem Verkaufsakte ist natürlich der Flächeninhalt angegeben, für dessen Richtigkeit der Verkäufer dem Käufer verantwortlich bleibt. — Bei dem Verkaufe der Ländereien in der Kolonie Saõ Lourenço ist öfters ein illegales Verfahren beobachtet worden, und zwar der Art, daß Unternehmer und Käufer einen geringeren Kaufpreis, als den wirklichen, angaben, um weniger Steuer zu bezahlen. Dies war aber nur dann möglich, wenn auch ein geringerer, als der wirkliche, Flächeninhalt angegeben wurde. —

Durch ein solches Verfahren, bei dem effektiv nur der Steuerzahler, der Kolonist, profitirte, mußte das moralische Ansehn des Direktors, des Unternehmers, leiden und zwar der Art, daß er bei den fast immer stattfindenden Grenzstreitigkeiten unter den Kolonisten nicht mehr als Schiedsrichter auftreten konnte. —

Daß die Regierung den daraus entstandenen Unruhen nicht ruhig zuschauen konnte, namentlich dann, wenn das Leben des Direktors dabei gefährdet war, ist selbstverständlich. Es mußten die Vermessungen für Rechnung des Unternehmers revidirt werden, und da die Flächeninhalte nicht mit den Verkaufsakten übereinstimmen konnten, so mußten sich Grenzlinien bilden, die mit den alten nicht zusammenfielen. Daraus entstanden nun neue Reklamationen und das Ende vom Liede war eine wiederholte Regulirung der Vermessungslinien. —

Es geht daraus zur Genüge hervor, daß die brasilianische Regierung auch nicht der geringste Vorwurf trifft und daß nur Unwissenheit oder falsche Belehrung sich zu derartigen Urtheilen verleiten lassen konnte, wie sie der Schentke'sche „Mahnruf" in allzugroßer Fülle öffentlich zur Schau trägt. —

Es erscheint mir darum auch überflüssig, eine weitere Beleuchtung der noch übrigen Details aus der Schentkeschen Schrift fortzuführen, nicht aber zu bedauern, daß — ganz im Gegensatze zu dem Graf Eulenburg'schen Ausspruche, nach welchem „der Grundsatz der Auswanderungsfreiheit im deutschen Reiche im vollsten Umfange anerkannt ist" — einzelne der diesseitigen Behörden sich bestimmen ließen, diesem Preßerzeugnisse irgend welche Beachtung und weitere Verbreitung zu geben.

Es bleibt mir nun noch übrig, derjenigen Schriftstücke Erwähnung zu thun, die in gleicher Weise dazu beigetragen haben oder beitragen sollen, die öffentliche Meinung in Deutschland gegen Brasilien einzunehmen; es gehören zu ihnen vor allen Dingen die deutsche Zeitung „Germania" in Petropolis und der von ihr zur Oeffentlichkeit gebrachte v. Kessel'sche Artikel, betitelt: „Die Kolonisationsfrage Brasiliens, unpartheiisch beleuchtet zum Wohle des Landes und zur Belehrung für Diejenigen, welche dahin auswandern wollen. Unterthänigst gewidmet S. M. dem Kaiser D. Pedro II. und seinen Räthen, zur Reinigung, Verbesserung und Heilung alter Schäden, durch Oskar von Kessel." —

Aus den wenigen Bemerkungen, die ich vorhin über die Zeitung „Germania" zu machen Gelegenheit hatte, mehr noch aber aus dem offenen Briefe der „Blumenauer Kolonisten" an den Redakteur derselben, hat der Leser die Tendenz der Zeitung und den Grad von Glaubwürdigkeit entnehmen können, welcher im Allgemeinen ihren Mittheilungen zu schenken sei. — Sie ist niemals Organ der in Brasilien lebenden Deutschen, wol aber der dortigen preußischen und deutschen Gesandschaft gewesen; ob von ihr subventionirt? vermag ich nicht zu sagen: sicher aber ist es, daß sie nur wenig Verbreitung in Brasilien gefunden hat und bereits eingegangen ist. Ob die Ernennung des letzten Redakteurs derselben zum deutschen Vice-Consul dazu beigetragen? ist mir ebenfalls unbekannt, doch möchte ich in Anbetracht der Rücksichten, welche die Internationale zu nehmen hat, es kaum außer Zweifel stellen. — Man muß sich in der That darüber wundern, daß die brasilianische Regierung so viel Toleranz und Mäßigung gehabt hat, fast unter ihren Augen ein Blatt zu dulden, das fortwährend ihren Interessen entgegenarbeitete, freilich in Kolonisationsangelegenheiten entschieden erst von dem Zeitpunkte ab, in welchem einem seiner früheren Redakteure eine erbetene Subvention seitens der brasil. Regierung versagt worden war. —

Doch da das Blatt bereits eingegangen ist, so will ich, nach dem bekannten Sprichworte: „de mortuis nihil nisi bene," die „seelige Germania" ruhen lassen und endlich nur wünschen, daß das neue Unternehmen mit einer „allgemeinen deutschen Zeitung" in Rio Janeiro besser den Bedürfnissen der in Brasilien lebenden Deutschen entsprechen und gleichzeitig den vernünftigen Interessen des Landes dienen möge!

Das dritte Schriftstück, das ebenfalls den „Schmähschriften der Neuzeit" angereiht zu werden verdient, ist, wenn es auch auf einer „weniger verächtlichen Stufe," als der „Schentke'sche Mahnruf" in so weit steht, als sein Autor wenigstens in Brasilien gelebt und die „örtlichen Einrichtungen der Kolonisationsagentur in der Hauptstadt des Landes kennen gelernt hat," der früherhin genannte Artikel „die Kolonisationsfrage Brasiliens" von Oskar v. Kessel.

Auch diesen Bericht werde ich nur oberflächlich zu beleuchten brauchen, weil die Gegensätze zu v. Kessels Behauptungen bereits aus meinen Detailschilderungen der brasilianischen Kolonisation zur Genüge hervorgehen und Herr v. Kessel selbst indirekt zugesteht, daß er, als Beamter in der Kolonisationsagentur von Rio Janeiro, die mit der Kolonisation selbst gar Nichts zu thun habe, „keine Kenntniß von ihr haben könne."

Mit der Freundschaft, welche, einer Bemerkung des Redakteurs der „Germania" zufolge, O. von Kessel für Brasilien hegen soll, muß es wol eine besondere Bewandniß gehabt haben, da die Publikation der Schrift erst nach der Abreise des Autors von Brasilien erfolgte! sie würde auch Nichts zur Sache thun, wenn sie nicht eben als ein besonderer Beweis für die Aufrichtigkeit der v. Kessel'schen Auslassungen seitens der Redaktion hervorgehoben worden wäre. Gerade wenn v. Kessel ein Freund Brafiliens gewesen wäre, so hätte er schon früher, und namentlich als er sich noch im Amte befand, seine Vorgesetzten oder die brasil. Regierung auf manche Uebelstände aufmerksam machen sollen, die durchaus nicht dem brasilianischen Kolonisationswesen abgesprochen werden sollen. Die kaiserliche Regierung hat stets solchen Manifestationen, sobald sie in gebührender Weise geschahen, ihre Aufmerksamkeit geschenkt und dadurch bewiesen, wie sehr sie das Interesse der Einwanderer auch zu dem ihrigen zu machen wußte.

Ich kann nur in einer Beziehung der v. K.'schen Einleitung und zwar in der beistimmen, daß Brasilien seit 20 Jahren große Anstrengungen zur Heranziehung von Einwanderern gemacht hat und daß die damit verbundenen pekuniairen Opfer nicht dem Resultate entsprochen haben, das bei einer größeren genauen Kenntniß des Landes seitens der leitenden Behörden möglich gewesen wäre.

Wenn ich nicht allein zugebe, sondern früher schon öfters hervorgehoben habe, wie sehr durch den häufigen Wechsel in den politischen Ansichten ein Schwanken in unserer Themafrage hervorgerufen werden mußte, wie sehr durch dieses und mehr noch dadurch, daß dem Agrikultur-Ministerium nicht immer die erfahrensten Kräfte zur Unterstützung beigegeben werden konnten, manche temporäre Erfahrung verloren ging, so muß ich als Hauptgrund für einzelne Kolonisationsscheiterungen den mangelhaften Landeskataster und die Qualität des Einwanderungskontingents anerkennen.

Durch die Unzulänglichkeit des Katasters, durch den Mangel einer genauen geographischen und statistischen Landeskunde, ist es vorgekommen, daß Orte und Distrikte zur Anlage von landwirthschaftlichen Etablissements ausgewählt worden sind, die sich nicht dazu eigneten; die Folge davon war: Aufgeben, oder Erhaltung derselben durch riesengroße Opfer — Beides höchst unbequem für die betreffende Bevölkerung und Begründung zu vielen gerechtfertigten Klagen!

Nicht ohne Interesse für den Leser dürfte die Bemerkung sein, daß — nach amtlichen Angaben des Schatzamts in Rio

Janeiro, seit dem Jahre 1853 bis 1870 im Ganzen mit Kolonisation über 12 Millionen Milreis (mehr als 8 Millionen Thaler) verausgabt worden sind und daß dafür kaum 35 Tausend Kolonisten für Rechnung der Regierung eingeführt wurden.

Am Meisten haben freilich Amerikaner und Engländer der Regierung gekostet, namentlich die in Santa Catharina und in Paraná, welche dafür nicht einmal in Brasilien geblieben sind und, wie neuerdings auch von der vorjährigen Einwanderung berichtet wird, nicht zu bleiben gedenken.

In Bezug darauf und die vorhin gemachte Bemerkung, daß „die Qualität des Einwanderungskontingents“ häuptsächlich zur Scheiterung von Kolonisationsversuchen beigetragen habe, theile ich folgende Stelle aus der „allgemeinen deutschen Zeitung von Rio de Janeiro“ mit, die über die neuere Einwanderung sagt:

„Die englischen Kolonisten in Assungy (Provinz Paraná) „sind von der Regierung 2 Monate hindurch beherbergt und ernährt worden. Man hat ihnen Land und Subsidien auf längere „Zeit in andern Staatskolonien angeboten; sie haben es nicht „angenommen. Zu längerer Beherbergung und Verpflegung in „Rio oder gar zur Zurückschaffung in ihr Vaterland ist die Regierung gewiß nicht verpflichtet.“

„Das Vorgeben der Kolonisten, sie könnten in Assungy nicht „leben, ist eine Unwahrheit oder mindestens eine Uebertreibung, „denn wir haben es aus dem Munde eines Deutschen, der vor „Kurzem dort war, daß die Kolonie zu gedeihen anfängt, ganz „abgesehen von dem Berichte des Direktors der Kolonie, der „ihren Zustand als den Verhältnissen gemäß günstig schildert. „Auch die Gründer der wohlhabenden, man könnte fast sagen reichen „Kolonie S. Leopoldo haben anfänglich sehr schlimme Zeiten „durchgemacht.“

„Es sind uns aber viele von diesen ersten Kolonisten bekannt, „die sich durch Fleiß und Ausdauer ein mehr oder minder großes „Vermögen erworben haben. Ebenso ist es den Gründern von „Neu Petropolis, S. Kruz und andern Kolonien gegangen.“

„Uns fallen dabei zwei deutsche Sprichwörter ein, die auf „alle neuen Kolonien passen: Aller Anfang ist schwer und Rom „ist nicht in einem Tage gebaut worden. Man wird uns den „Einwurf machen, die Kolonisten seien durch falsche Versprechungen „nach hier gelockt worden, und hätten somit das Recht, ihre Zu„rückschaffung zu fordern, weil sie hier Alles anders vorgefunden „hätten, als man ihnen bei ihrer Anwerbung gesagt hat."

„Wir wissen sehr wol, daß es in Europa gewissenlose Aus„wanderungsagenten für Brasilien giebt, welche den Leuten goldene „Berge versprechen, um sie zur Auswanderung zu verleiten, daß „sie an Arbeit mit Axt und Hacke nicht gewöhnte Leute anwerben, „die daher unzufrieden werden, wenn man ihnen solche in die „Hand giebt, um ihr Leben damit zu verdienen, und daß es ihnen „durchaus nicht darauf ankommt, notorische Vagabunden und „Abenteurer herzuschicken, von denen die arbeitslustigen und fried„lichen Leute zur Meuterei aufgehetzt werden, und dies Alles nur „um recht viel Kopfgeld zu erzielen."

„Es liegt in der menschlichen Natur, daß man eine Ent„täuschung um so bitterer empfindet, je größere Hoffnungen und „Erwartungen man gehegt hat, und wol die meisten Kolonisten „kommen mit der Hoffnung nach hier, mit wenig Arbeit in kurzer „Zeit steinreiche Leute zu werden."

„Es ist Pflicht der Regierung, wenn sie die Kolonisation in „Brasilien nicht in völligen Mißkredit bringen will, jene gewissen„losen Agenten zur Verantwortung zu ziehen, und wenn sie ihrer „nicht habhaft werden kann, ihre Namen zu veröffentlichen und „vor ihnen zu warnen."

„Sicherlich wird aber allen Einwanderern bekannt sein, daß „man hier das Geld nicht auf der Straße findet und daß man hier, „wie überall arbeiten muß und nicht müßig gehen darf, um zu „leben."

„Die englischen Kolonisten sind auf das Beispiel der älteren „Kolonien, die sich in günstigen Umständen befinden, hingewiesen „worden, aber sie haben von Nichts hören wollen. Ohne Arbeit „genug zum Leben zu haben, behagte ihnen besser."

„Wir wissen aus eigener Erfahrung, wie anspruchsvoll die „meisten Einwanderer und wie sie mit nichts zufrieden zu stellen „sind."

„Wir kennen einen Fazendeiro, der einen Kolonisationsversuch „mit Elsässern, die für Frankreich optirt hatten, gemacht hat, aber „schlecht dabei weggekommen ist. Die Leute fanden bei ihrer „Ankunft massive geräumige Häuser vor; sie erhielten ein Stück „Land, groß genug, um den Unterhalt ihrer Familie darauf ge„winnen zu können und bis zur ersten Ernte sollten sie dieselbe „oder noch bessere Verpflegung empfangen, wie die der brasil. „Soldaten, die sich wahrlich nicht zu beklagen haben; man gab ihnen „Hühner und Schweine zur Zucht und selbst Milchkühe zur Auf„erziehung von kleinen Kindern. Sie sollten dafür nur die ihnen „überwiesenen Plantagen rein erhalten; für den geernteten Kaffee „sollten sie denselben Lohn empfangen, wie hiesige Arbeiter."

„Trotz alledem waren die Kolonisteu unzufrieden und dachten „gar nicht daran zu arbeiten. Sie verkauften ihre Hühner und „Schweine und die ihnen nur geliehenen Kühe, ja selbst das ge„lieferte Ackergeräth und Handwerkszeug zu Spottpreisen und „trieben sich vagabundirend auf den Straßen umher."

„Man kann es daher dem Fazendeiro nicht verdenken, daß „er, nachdem er sich die Sache fast 2 Monate ruhig mit ange„sehn, die Geduld verloren und die ganze Gesellschaft fortgeschickt „hat, um nicht durch die fortgesetzte nutzlose Verpflegung der „Leute, die Größe seines verlorenen, ziemlich ansehnlichen Kapitals „noch zu vermehren."

„Hatten diese „obdachlosen, hungernden" (zum Glücke kann „man hier nicht noch hinzufügen und „frierenden") Elsässer vielleicht „auch das Recht, freie Rückreise nach Frankreich und Unterstützung „von Seiten ihrer Landsleute zu beanspruchen?"

„Sie haben nichts von sich hören lassen, vielleicht weil sie „sich bewußt waren, daß sie durch eigene Schuld obdachlos ge„worden waren und Hunger leiden mußten, oder aber sie haben „sich entschlossen zu arbeiten und ihr Brod zu verdienen."

„Zum Schluß fügen wir noch hinzu, selbst auf die Gefahr

„hin, bei manchem unserer Leser Mißfallen zu erregen, daß wir „bei ähnlichen Fällen immer unumwunden die Wahrheit reden „werden, und unsere Leser werden hoffentlich nicht glauben, daß „wir „erkauft" sind. —"

Vergleichen wir obige kategorische Mittheilung mit dem Programme selbst, welches die „allgemeine deutsche Zeitung" in Rio Janeiro bei ihrem Erscheinen verkündigt und in Bezug auf Kolonisation sagt „. . . . . der Kolonisation Brasiliens, deren System noch gar manches zu wünschen übrig läßt, werden wir unsere ungetheilte Aufmerksamkeit widmen," so können wir mit Recht annehmen, daß hier die vollständigste Wahrheit gesagt worden ist und haben Grund den Deutschen in Brasilien zu gratuliren, daß sie in der Landeshauptstadt ein Organ besitzen, welches auch in den officiellen Kreisen Deutschlands wird gehört werden!

In aller Kürze will ich nun noch diejenigen Punkte beleuchten, die v. Kessel als „Hauptursachen des Fehlschlagens der Kolonisation in Brasilien" angiebt. —

Bevor ich jedoch derselben erwähne, muß ich gegen diesen Ausdruck „Fehlschlagen" protestiren, denn doch nur ausnahmsweise sind die Kolonisationsversuche mißglückt, im Gegentheil „die überwiegende Majorität der deutschen Kolonisten befindet sich in guten Verhältnissen!" Daß die Kolonisation mit andern nicht-deutschen Einwanderern fast ohne Resultat in Brasilien geblieben ist, muß man weniger dem Lande, als der Qualität jener Ansiedler zuschreiben und verweise ich deshalb auf meine früheren Mittheilungen. —

v. Kessel rechnet als Ursachen des Fehlschlagens folgende:

„Die gänzlich verfehlte Anlage der zur Gründung von europäischen Kolonien bestimmten Landstriche; die Unfruchtbarkeit des „Bodens in der Mehrzahl der Kolonien; die Unmöglichkeit mit „dem Pfluge zu arbeiten, oder Viehzucht zu treiben; die Unmöglichkeit der Verwerthung der Produkte des Ackerbaus für den „Kolonisten; die nachlässigen und unregelmäßigen Zahlungen von „Subsidiengeldern; die willkürliche Abänderung der in Euopa

„bekannt gemachten Versprechungen und Koloniebestimmungen, „namentlich in Bezug auf gutes Land; die theilweise schlechte und „in einzelnen Fällen sogar betrügerische Administration von Ko= „lonien durch unpassende Direktoren; das Fehlen von Versorgungs= „anstalten für invalide Kolonisten, das Fehlen von eigenen „Kolonial=Gerichten zur Regulirung von Erbschaften durch einen „selbstgewählten Kolonierath; Mangel an Schutz gegen die An= „fälle wilder Nomadenstämme."

Zum Schlusse, und nachdem mit den grellsten Farben diese Klassifikation der Uebelstände durch einzelne wahre, dann aber durch übertriebene und zuletzt durch vollständig verdrehte Fakta ausgemalt und begründet wird, äußert v. Kessel ganz naiv: daß „die brasilianische Nation selbst sehr unschuldig an den Mißbräuchen ist, ebenso S. M. der Kaiser, und daß das Land, wenn man nur die passenden Landstriche wählt, sehr wohl zur europäischen Kolonisation sich eignet." Er resumirt endlich, daß „das materielle Nicht= gedeihen der Europäer in den Kolonien Folge der vollkommenen Unfähigkeit der leitendenden Koloni= sationsbehörden sei und daß in Bezug auf Recht und und persönliche Sicherheit, der Mangel an Justiz= pflege oder eine ganze verdorbene, wobei der Fremde selten Schutz und Recht findet, das günstige Gedeihen der Einwanderer unmöglich mache."

Ich glaube über die ersten Punkte weggehen zu können, da ich die Provinzen und Kolonien des Reichs detaillirt in Bezug auf Ländereien, Anlage der Kolonien, Kommunikationen und ma= terielles Gedeihen in Betracht gezogen und diejenigen Mängel aufgedeckt habe, an denen das brasilianische Kolonisationsverfahren in der That leidet, die aber gewiß nicht der Art sind, daß man mit ihrer Anerkennung den Stab über das Gesammtverfahren und das Resultat zu brechen berechtigt wäre!

Was ist an der Kolonisation der Provinz Rio Grande do Sul auszusetzen? Sie ist in ihrer glücklichen Entwickelung nicht einmal von den heftigsten Gegnern Brasiliens bestritten worden und wird nach der Eröffnung der bereits genehmigten, zum Theil schon in Angriff genommenen, zum Theil schon ausgeführten Eisenbahnlinien noch größere Vortheile der europäischen Einwanderung bieten. — Die Provinz Santa Catharina folgt in zweiter Instanz: daß sie keine gleichen Resultate mit jenem Landestheile aufzuweisen hat, ist bereits vielfach auseinandergesetzt, aber die bedeutende Zunahme ihres Exports, der fast einzig den Kolonien zu danken ist, bekundet, daß die Angaben des p. v. Kessel in Bezug auf „durchgängig schlechte Anlage, schlechte Ländereien und schlechte Kommunikationen" unmöglich richtig sein können.

Sehr günstig spricht sich p. v. K. über die Provinz Paraná aus und bezeichnet sie als diejenige, welche sich; gleich Rio Grande do Sul, am Besten zur Kolonisation durch Europäer eigene. Als Grund dafür giebt er die größern Flächen des Hochplateaus an, die sich zum Ackerbau mit Anwendung des Pflugs und besonders gut zur Viehzucht eignen, und legt ein be onderes Gewicht auf das Vorhandensein oder die leichtere Beschaffung von europäischen Lebens- und Nahrungsmitteln, wie des frischen Fleisches, Brodes und der Kartoffeln. — Er hebt weiter hervor, daß der Deutsche genügsamer als der Engländer und Franzose sei, daß er darum sich auch mit den Lebensmitteln der Brasilianer, wie mit getrocknetem Fleische, Mandioka, Bohnen und Reis, zufriedenstelle; nur verlange er vor Allem gutes Land zur Bearbeitung — und dieses erlange er nur in den seltensten Fällen, da solches gewöhnlich schon Privatleuten und nicht mehr der Regierung gehöre!

In Bezug auf die ersteren Auslassungen, nämlich auf die Ländereien in der Provinz Paraná, auf die Anwendung des Pflugs auf Viehzucht und endlich auf die Art der Lebensmittel, muß ich dem Verfasser beipflichten, bemerke aber hier noch einmal, daß selbst in der Provinz Rio Grande do Sul, wenigstens an den Orten, in welchen die Kolonisation so vortreffliche Fortschritte gemacht hat, die Kolonisten in den ersten, ja oft in vielen Jahren, den Pflug nicht haben anwenden können und daß auch sie von getrocknetem Fleische, von Bohnen und Mandioka gelebt und sich vortrefflich dabei befunden haben. —

Ich glaube kaum, daß der Bauer oder Arbeiter bei uns in Deutschland täglich Fleisch, am wenigsten solches aber zur Genüge habe, oder daß er in Bezug auf Qualität und Quantität der Lebensmittel auch nur dem allerärmsten Anfänger in Brasilien bevorzugt sein dürfte!

Was von dem v. K.'schen Urtheile über die Kolonie Blumenau und D. Francisca zu halten ist, geht aus meinen Berichten hervor, die ich früher bereits mittheilte; ein Gleiches von den übrigen Kolonien des Kaiserreichs, welchen v. K. Gedeihen, ja selbst Lebensfähigkeit, abspricht. —

Auch über die weitern, vorhingenannten v. K.'schen Punktationen bezüglich der unregelmäßigen Zahlung von Subsidiengeldern an die Kolonisten, der willkürlichen Abänderung der in Europa gemachten Versprechungen und Koloniebestimmungen, der schlechten und betrügerischen Administration der Kolonien, dem Fehlen von Versorgungsanstalten für invalide Kolonisten, dem Nichtvorhandensein von eigenen Kolonial-Gerichten zur Regulirung von Erbschaften und Streitigkeiten durch einen selbstgewählten Kolonierath, dem Mangel an Schutz gegen Anfälle wilder Indianerstämme, will ich nur wenige Worte verlieren; die wirklich zutreffenden Uebelstände sind nur als, freilich unglückliche, Ausnahmen und als solche zu betrachten, an denen die brasilianische Regierung persönlich nur wenig Schuld trägt.

Es kann wol vorkommen und ist auch mitunter vorgekommen, daß theils Subsidien-, theils Arbeitsgelder nicht pünktlich an dem bestimmten Tage seitens des Zahlamts gezahlt worden sind, allein auch dergleichen Unregelmäßigkeit ist als Ausnahme zu betrachten und hat nur dann stattgefunden, wann einmal wirlich kein Geld in der Kasse sich befand (dieses geschah in den kleineren Provinzen, die nur geringe Einnahmen und mehrere Regierungskolonien haben, wie z. B. Espirito Santo und Santa Catharina) oder wann in den Kolonien Ausgaben gemacht waren, zu denen die Autorisation von dem Präsidenten der Provinz oder dem Agrikultur-Ministerium gefehlt hatten.

Weitere Vorwürfe, wie sie der Verfasser des Schriftstücks

über „schlechte Verwaltung der Kolonie, betrügerische Administration, ausschließliche Anstellung von Brasilianern als Direktoren der Kolonien mit deutscher Bevölkerung, willkürliche Abänderung der in Europa gemachten Versprechungen und Koloniebestimmungen,“ den, die Kolonisation leitenden Behörden macht, sind in ihrer Majorität eben so ungerechtfertigt wie die hinsichtlich der Zahlungen; denn ich möchte wirklich wissen, was die Regierung eigentlich thun soll, um den vielfachen, oft höchst unbescheidenen und unverständigen Anforderungen, von denen ein Jeder in ein und derselben Angelegenheit eine besondere macht, zu entsprechen? — Auf einer Kolonie in Santa Catharina war einmal die Mehrzahl der neuangekommenen Kolonisten Amerikaner und als solche wünschten sie einen amerikanischen Direktor, weil sie, wie sie vorgaben, sich mit einem solchen am Besten verständigen, die ältern Kolonisten aber der Fürsorge des Direktors entbehren könnten. — Die Regierung stellte einen Amerikaner als Direktor an, und als dieser eines schönen Tags mit den Geldern, die er in der Stadt Desterro aus der Provinzialkasse behufs Auszahlung von Subsidien und Arbeitslöhnen an die Kolonisten empfangen hatte, verschwunden und nach Nordamerika abgereist war, da machten die Kolonisten der Regierung Vorwürfe darüber, daß sie einem Amerikaner den Posten eines Direktors und Zahlmeisters anvertraut habe! Als später ein ähnlicher Fall mit einem deutschen Direktor vorkam und das unordentliche, in deutscher Sprache geführte, Aktenregister den brasilianischen Behörden unverständlich war, gab man der Kolonie einen brasilianischen Direktor; als endlich ein deutscher Direktor der Trägheit und dem Müßigange der Kolonisten durch eine strenge Disciplin steuerte und diese dadurch später zu ordentlichen und zufriedenen Landleuten heranbildete, petitionirten diese bei der Regierung um einen brasilianischen Direktor, weil sie glaubten, daß ein solcher weniger strenge und immer gleich mit der Zahlung unberechtigter Forderungen zur Hand sein werde!

S. Theresa, eine Kolonie in der Provinz Paranà, deren Bevölkerung aus etwa 500 brasilianischen und 17 französischen

Kolonisten und aus nur 2 Deutschen besteht, hat einen deutschen Direktor; Blumenau, D. Francisca und andere Kolonien haben deutsche Direktoren: Die Anfeindung, die also der brasilianischen Regierung mit Zurücksetzung der Deutschen als Beamte gemacht wird, ist ebenso unbegründet wie die mit dem Nichthalten der in Europa ausgefertigten Contrakte. — Ich habe während meiner 13jährigen amtlichen Thätigkeit in dem brasil. Kolonisationssache auch nicht einen einzigen Fall kennen gelernt, bei welchem ein eingegangener Contrakt seitens der Regierung nicht gehalten worden wäre, dagegen oft die Erfahrung gemacht, daß Kolonisten, selbst dann, wenn sie sich in den besten Verhältnissen befanden, ihren geringen Verbindlichkeiten gegen die Regierung sich zu entziehen suchten!

Ich glaube, daß die brasilianische Regierung auch nicht einmal moralisch für diejenigen Vorspiegelungen verantwortlich gemacht werden könne, mit welchen gewissenlose Anwerber und Agenten die Auswanderer in Bezug auf ihre zukünftige Thätigkeit oder resp. Unthätigkeit in Brasilien zu täuschen suchen; denn bei allen Contrakten und Engagements derselben stellt sie stets die Bedingung, daß die Einwanderer gehörig zu instruiren, ihnen keine falschen Aussichten bezüglich der Leichtigkeit ihres Berufs beizubringen seien, ja sie verlangt sogar, daß die Einwanderer Ackerbauer und als solche geeignet seien — was sie durch Atteste beweisen sollen — die ersten mühsamen Jahre der Ansiedlung zu überstehen.

Die Schuld zu den falschen Ansichten, welche mitunter Emigranten nach Brasilien mitbringen und durch welche sie unglücklich werden, trifft in der That mehr die diesseitigen Behörden, als die brasilianische Regierung. Würde man in Deutschland nicht die Auswanderungsagenturen für Brasilien verbieten, so wären derartige Täuschungen, wie sie den geheimen Agenten zur Last gelegt werden, ganz unmöglich, denn der Staat hätte diese stets unter Controlle und würde solche Contrakte, die das zukünftige Gedeihen der Auswanderer in Frage stellen, mit Leichtigkeit verhindern können.

Neben der Gestattung brasilianischer Auswanderungsagenturen in Deutschland erscheint mir aber auch eine zweite Maaßregel zum Gedeihen der Auswanderer von großem Werthe; ja durch sie wird man sogar am Besten eine Beschränkung der Auswanderung erzielen können. — Schon in den Landschulen sollte man die Jugend vor Illusionen in Bezug auf das Leben, die mühevolle Arbeit und Uebelstände in den überseeischen, kolonisirenden Ländern zu bewahren und die auswandernde Klasse vermittelst geeigneter Institutionen zu belehren, nicht aber durch Entstellung der Wahrheit über die thatsächlichen Verhältnisse, diese für sich zu gewinnen suchen; denn der gewöhnliche Mann, von Natur mißtrauisch und argwöhnisch gegen alle ihm unverständlichen Beeinflussungen von Oben, glaubt wirklich, daß er über den Ocean in das gelobte Land geführt werde, in dem er weniger, wie im Vaterlande, zu arbeiten braucht!

Beispielsweise führe ich hier einen Artikel an, der so recht nachweist, wie wenig Verständniß und Kenntniß in obiger Angelegenheit sich auch in unserer deutschen Presse zu erkennen giebt und wie sehr unsere Auswanderung über ihren wirklichen Beruf, den der Arbeit nämlich, getäuscht werde!

Die Spenersche Zeitung theilt in Nr. 169 des Jahres 1872 Folgendes mit:

„Mewe 2. April. Mittelst geheimer Auswanderungsagenten „wird eine Anzahl dortiger Bewohner für die brasilianische „Republik Espirito Santo angeworben, diese Leute haben „sich mit Aexten, Beilen, Spaten und Flinten zu versehen, woraus „thatsächlich zu erkennen ist, daß sie für Urbarmachung unwirth„licher Gegenden bestimmt sind und die besten Aussichten auf „Kämpfe mit den Indianern haben. —“

Kehren wir auf die v. K'schen Forderungen zurück und betrachten wir das Verlangen, welches sich in denselben in Bezug auf „Errichtung eigener Kolonialgerichte“, behufs Regulirung von Erbschaften, Schlichten von Streitigkeiten pp. ausspricht. —

Schon seit einer Reihe von Jahren hat die brasil. Regierung die Bestimmung getroffen, daß jedem Koloniedirektor ein sogenannter „Kolonierath“ zur Seite steht, dessen Mitglieder von den Kolonisten gewählt und von dem Präsidenten der Provinz bestätigt werden. Diese Einrichtung ist eine praktische, denn durch dieselbe wird dem fortwährenden Mißtrauen der Koloniebevölkerung vorgebeugt, die stets glaubt, daß eine oder die andere der Familien protegirt oder von Seiten des Direktors besonders begünstigt werde, namentlich in Bezug auf Ländereien, Subsidien oder Zulassung zu den öffentlichen Arbeiten.

Aber wirklich sonderbar erscheint die Forderung in Bezug auf Regulirung der Erb- und Hinterlassenschaften der Kolonisten durch einen Kolonierath. Diese Angelegenheiten gehören in das Ressort des Municipalrichters, der gleichzeitig Vorstand des Waisengerichts ist und dem der Waisenschreiber untersteht. Als Schreiber in Rechtsangelegenheiten dient ihm stets der im Municipium angestellte Tabellion, dessen Anstellung lebenslänglich ist, so lange sie ihm nicht durch richterliche Sentenz entzogen wird.

Die große Langsamkeit in Erbschaftsangelegenheiten, die Weitläuftigkeit des Prozeßverfahrens, die Schwierigkeit der Kommunicationen nach dem Innern, endlich wol auch die Sorglosigkeit einzelner niedern Beamten und das langsame Verfahren bei Feststellung des Inventariums, das gewöhnlich erst 3 Monate nach dem Ableben des Erblassers aufgenommen wird und so der Umgebung dieses Zeit läßt, Manches über Seite zu schaffen, das unmündigen Erben gehört, die Leichtigkeit, mit der für die hinterlassenen Kapitalien, statt sie gegen Empfang von 6% Zinsen in der Provinzial-Kasse zu deponiren, zum Ankauf von liegenden Grundstücken verwendet werden, über deren Werth der Waisenrichter manchmal seitens speculirender Verwandten oder Vormünder der Minorennen getäuscht werden kann, das sind freilich Schäden, die in diesem Zweige der brasil. Verwaltung sich wol zu erkennen gegeben haben und die es dem Fremden wünschenswerth machen, daß ein schnelleres Verfahren durch Consular-Convention angebahnt werde.

Die Regulirung der Erbschaftsangelegenheit durch die Konsuln wäre aber auch das Einzige, was seitens der diesseitigen Regierung anzustreben wäre; denn einem allgemeinen Mangel an geordneter, gewissenhafter Justizpflege in Brasilien, über die v. K. sich beklagen zu müssen glaubt, kann ich nicht beipflichten. —

Daß manche Reformen nicht allein in der Justizpflege, sondern auch in andern Branchen in Brasilien nothwendig sind — Wer wollte es läugnen und in welchem Lande gäbe es in dieser Beziehung Vollkommenheit? Die alljährigen Verhandlungen in den brasilianischen Kammern beweisen nicht allein das Bedürfniß solcher Reformen, sondern diese führen sie auch aus und bleiben mit dem Fortschritte nicht hinter dem anderer Nationen zurück. —

So ist z. B. das Unterrichtswesen, namentlich die Elementarschule in Brasilien, ein Gegenstand, der das besondere Interesse der Regierung in Anspruch nimmt und in der That auf einer höhern Stufe steht, als man es in Europa im Allgemeinen glaubt. Die Fortschritte, die der Volksunterricht in Brasilien gemacht, sind vorzugsweise dem Umstande zu verdanken, daß die Schule von der Kirche vollständig getrennt und dieser der hemmende Einfluß genommen ist, wie man ihn in andern katholischen Ländern noch bis zum Augenblicke nicht hat loswerden können. — Leider ist nicht in Abrede zu stellen, daß auch in Brasilien in neuerer Zeit der höhere Klerus seine alte Macht wieder anzustreben versucht und die Anstrengungen unterstützt, welche die immer mehr sinkende Hierarchie der römischen Kirche zu ihrer Wiederbelebung entfaltet.

Häufig hat man auch in der Presse darüber klagen gehört, daß der Fremde in Brasilien nur mit Schwierigkeit das Bürgerrecht erlangen könne, und daß er, wenn ihm solches zu Theil geworden, eigentlich doch keine oder nur sehr wenige Rechte, jedenfalls geringere als der Eingeborene, habe. —

Die Verleihung des Bürgerrechts ist in Brasilien schon seit vielen Jahren erleichtert und statt des 4 jährigen Aufenthalts im Lande, welchen das Gesetz für den Fremden bis zu seiner Naturalisation als brasil. Bürger vorschreibt, ist ein zweijähriger festgestellt worden. Unter Umständen kann auch dieser Zeitraum abgekürzt werden; in wiefern aber die schnellere Erlangung des

Bürgerrechts für den Kolonisten vortheilhaft sein dürfte? das habe ich trotz aller Demonstrationen in der Presse niemals recht einsehen lernen! Je länger der Kolonist, der in den ersten Jahren ein sehr thätiges und selbst mühevolles Leben zu führen gezwungen ist und seiner Zeit im vollsten Maaße bedarf, von allen politischen Umtrieben und Wahlintriguen ferngehalten wird, desto besser für ihn: und in diesem Sinne habe ich während meines amtlichen Wirkens in Brasilien die Naturalisation der Kolonisten immer mehr hinauszuschieben, als zu beschleunigen gesucht.

Mit der Naturalisation tritt der Fremde in alle Rechte als brasil. Bürger ein; nur Regent, Staatsminister und Deputirter kann er nicht werden. Ich vermag diese Beschränkung, welche indeß nicht mehr die in Brasilien geborenen Kinder des naturalisirten Bürgers tangirt, kaum als eine Wesentlichkeit oder Ungerechtigkeit zu bezeichnen, denn auch in Europa würden unter gewöhnlichen Verhältnissen dergleichen Auszeichnungen und Aemter schwer zu erlangen sein; und was endlich die Jeremiaden der deutschen Presse, insbesondere die Klage anbetrifft: daß die in Brasilien naturalisirten Deutschen und ihre Kinder keine einflußreichen Aemter erlangen und keinen Einfluß auf ihre Kommunalangelegenheiten ausüben, so muß das als thatsächlich unrichtig bezeichnet werden.

In gleicher Weise, wie man den deutschen Katholiken in den alten Kolonien von Saõ Leopoldo den Vorwurf zu machen hat, daß sie sich leicht zu Werkzeugen des Jesuitenordens machen lassen, kann man der gesammten deutschen Koloniebevölkerung, ohne Unterschied der Konfession, nachsagen: „sie trägt selbst Schuld daran, wenn sie ihren Interessen nicht mehr Nachdruck zu geben vermag!“ Ihr Indifferentismus bei den politischen Bewegungen ihres neuen Vaterlands, die Leichtigkeit, mit der sie sich während der Wahlen als Werkzeug gebrauchen läßt und endlich der geringe Trieb zur Erlangung von Kenntnissen sind die Ursachen zu den Niederlagen, die sie in den Wahlen und in der Besetzung der öffentlichen Aemter erleidet!

So lange die dortigen Deutschen und ihre Nachkommen nicht die Landessprache verstehen und gebrauchen lernen, so lange sie nur dem materiellen und nicht auch dem geistigen Fortschritte sich hingeben können, so lange wird die hiesige deutsche Presse umsonst ihr Bedauern um das Loos ihrer Landsleute in Brasilien ertönen lassen! Aber nicht allein in intellektueller Beziehung haben diese sich Manches zu schulden kommen lassen, sondern auch in rein materieller, speciell in der ihrer Landangelegenheiten.

Die Neumessung und Legalisirung der 1600 Kolonieloose in dem Municipium von São Leopoldo während der Jahre 1863 bis 69, die, wie ich bereits früher erwähnte, auf Antrag der Preußischen Gesandtschaft in Rio Janeiro, und zwar durch eine besondere Special-Kommission der brasil. Regierung geschah, entschied gerecht und endgültig eine langschwebende Frage; dennoch haben viele Kolonisten später sich bemüßigt gesehen, in derselben Angelegenheit noch einmal Landprozesse anzufangen und damit den Wohlstand ihrer Familien zu untergraben.

Diesem unverständigen Handeln gegenüber nützten weder die Ermahnungen des, mit den Provinzialverhältnissen so sehr vertrauten und in seinem Amte so unermüdlichen deutschen Konsuls Ter Brüggen in Porto Alegre, noch die guten Rathschläge der dortigen deutschen Presse: die Geneigtheit des deutschen Landmanns zu Prozessen findet man in Brasilien in hohem Grade entwickelt; und wenn der Verfasser dieses, der als Kurator jener Kolonisten ihre Landprozesse zu leiten hatte, jener Prozeßsucht gedenkt, so geschieht das nur, um der Wahrheit gemäß nicht unerwähnt zu lassen, daß gerade bezüglich dieser Seite der brasilianischen Agrarverhältnisse manche irrthümliche Auffassung in der deutschen Presse Europas kundgegeben und der brasilianischen Regierung mancher ungerechte Vorwurf gemacht worden ist.

Auch mit den v. K.'schen Auslassungen in Betreff der Versorgungsanstalten für invalide Kolonisten kann ich mich insofern nicht in vollen Einklang setzen, als sie in der That zu übertrieben sind. Ich kann aus meiner langjährigen Praxis nur constatiren, daß die Regierung auf vernünftige, richtig dargestellte und motivirte Forderungen stets Rücksicht genommen und den Bedürftigen geholfen hat. — Möglicherweise können die vielen ungerechten

Klagen und Beschwerden, wie sie so oft von arbeitsscheuen und anspruchsvollen Einwanderern, namentlich englischen und nordamerikanischen Ursprungs, die dann stets von den betreffenden Consuln aufs Eifrigste unterstützt worden sind, die brasilianischen Behörden auch einmal taub gegen ein wirkliches Bedürfniß gemacht haben: aber Härte und Theilnahmlosigkeit an dem unverschuldeten Leiden seiner Mitmenschen liegen dem Charakter des brasil. Volks durchaus ferne.

Lege man nur Versorgungsanstalten für invalide Kolonisten in Brasilien an! — ich bin weit entfernt, mich principiell dagegen auszusprechen, aber ich fürchte allerdings für die Praxis arge Uebelstände aus der mißbräuchlichen Verwendung; zu den wirklich Bedürftigen werden sich auch Die rechnen, die unter dem Vorwande von Invalidität schon gegenwärtig die Straßen der brasilianischen Hauptstadt unsicher machen und in ihren Landsleuten gar oft schlechtangebrachte Unterstützung finden.

Daß es aber der brasilianischen Regierung Ernst damit ist, nicht allein die fremde Einwanderung anzuziehen, sondern ihr das erste schwere Loos zu erleichtern und die Fehler, die von den Unternehmern begangen sind, gut zu machen, dafür spricht einerseits die neue zweckmäßigere Organisation des Agrikulturministeriums in Bezug auf Kolonisations-Angelegenheiten und anderseits die Mission von intelligenten, wohlwollenden und unpartheiischen Kommissairen nach denjenigen Orten, in welchen durch die Privatkolonisation Grund zu gerechtfertigten Klagen gegeben worden ist.

In neuerer Zeit hat man den in Deutschland zur Gewohnheit gewordenen allgemeinen Klagen über das unglückliche Loos der deutschen Einwanderung in Brasilien eine bestimmtere Richtung und Begründung zu geben und letztere durch die Bemerkung unwiderlegbar zu machen versucht, daß nicht nur die deutsche, sondern auch andere europäische Regierungen vor der Auswanderung nach Brasilien gewarnt hätten, und zwar infolge ganz bestimmter Fakta, die mit europäischen Einwanderern sich an verschiedenen Orten Brasiliens zugetragen haben sollen.

Welches Gewicht auf die Klagen der Engländer, Franzosen

und Portugiesen in dieser Beziehung zu legen ist, das habe ich nicht nur im Allgemeinen, sondern auch speciell durch die Mittheilungen der „allgemeinen deutschen Zeitung" in Rio Janeiro, beleuchtet; was aber die Klagen der deutschen Einwanderer über die dortige Regierung anbetrifft, die bezüglich der Privatkolonisation im Süden der Provinz Bahia und der Staatskolonisation in der Kolonie Santa Leopoldina sich in allamirender Weise kundgeben, das bedarf noch einer nähern Beleuchtung.

Betrachten wir zuerst die Kolonie Santa Leopoldina.

Dieselbe wurde, wie ich früher bereits mittheilte, im Jahre 1855 mit schweizerischen und deutschen Kolonisten gegründet und hatte bis zu der Epoche, in welcher sie unter meine Inspektion (1862) gestellt wurde, einen zweifelhaften Ruf hinsichtlich der Wahrscheinlichkeit ihres Fortkommens und Gedeihens. Ja selbst die Gesandten der Schweiz und Preußens, die Herren v. Tschudi und v. Meusebach, welche kurze Zeit vorher sie und die andern Kolonien der Provinz Espirito Santo bereist hatten, glaubten in dieses Urtheil mit einstimmen zu müssen und befürworteten bei der brasilianischen Regierung den Umzug mehrerer (vorzugsweise Schweizer-) Familien nach der Kolonie Rio Novo, weil dies Etablissement infolge seiner vorzüglichen Ländereien die beste Zukunft den Kolonisten in der Provinz versprach.

Die brasilianische Regierung genehmigte, wie sie stets den billigen Wünschen der fremden Vertretung und der Kolonisten bereitwilligst entgegenkam, die Uebersiedlung der Kolonisten auf Kosten der Regierung und weitere pekuniaire Unterstützung, konnte indeß ihrem Wohlwollen nicht vollen Ausdruck geben, da die Mehrzahl derjenigen Schweizer Kolonisten, die auf stürmische Weise von ihrem Gesandten die Uebersiedlung verlangt hatten, inzwischen andern Sinns geworden waren, ihre Ländereien in S. Leopoldina als gut befanden und blieben; nur Wenige gingen nach Rio Novo.

Durch den häufigen Wechsel der Koloniedirektoren in Leopoldina, gegen welche die Kolonisten conspirirten, auch infolge voreiliger Ausgabe einzelner Kolonieloose mit nicht ganz gutem Boden (dergleichen Ländereien sollen laut Bestimmung der Regierung nicht ausgegeben werden, sondern liegen bleiben), mehr noch durch die wahrhaft traurigen Zuzüge von Kolonisten, die durchaus nicht arbeiten wollten und sich durch Trunksucht und Aufruhr besonders bemerklich machten, war der Grund zu einem ungünstigen Urtheile über die Kolonie gelegt: aber es war nur ein passageres, denn diese fing an zu prosperiren und zwar durch die Einwanderung von arbeitsamen Kolonisten-Familien aus Pommern.

Diesen ging es infolge ihrer Thätigkeit und Ausdauer so gut, daß sie viele ihrer Verwandten und Freunde von Europa kommen ließen und daß selbst von Santa Izabel und Rio Novo Uebersiedlungen von dort stattfanden.

So hat denn Santa Leopoldina eine bessere Zukunft gehabt, als man erwartete: und wenn man während einer Reihe von Jahren nicht von ihr sprechen hörte, so ist dies, nach dem bekannten Erfahrungssatze in Brasilien mit der Kolonisation, ein untrügliches Zeichen für ihr Gedeihn.

Höchst unverständlich ist es daher, wenn Kritiker, die überhaupt niemals Erfahrung gemacht und vielleicht vor vielen Jahren einmal nicht ganz günstig die Glocken über Santa Leopoldina läuten hörten, jetzt behaupten, daß diese Kolonie niemals getaugt und daß die Regierung unverantwortlich gehandelt habe, dahin wieder Kolonisten zu senden und sie einem gewissen Elende preiszugeben! Die Sendung von Einwanderern dorthin war vollständig gerechtfertigt, weniger aber das Benehmen der neueren, polnisch-deutschen Einwanderung, die sich von zwei ultramontanen polnischen Rädelsführern aufwiegeln ließ und mit ihren brutalen Excessen in der Kolonie und später in der Hauptstadt des Landes nur Propaganda für den Obskurantismus und Papismus, der freisinnigen Regierung gegenüber, machte und leider darin noch von ihren Landsleuten unterstützt wurde.

Durchaus zuverlässige Nachrichten, wie sie nicht allein durch die Berichte der unpartheiischen und wohlwollenden Kommissaire der Regierung, sondern auch durch die deutsche und inländische Presse, sowie von gewissenhaften, deutschen Augenzeugen, bestätigt werden, geben Zeugniß von den schaamlosen Excessen, die leider auch von Deutschen in Leopoldina und in Rio begangen worden sind. Als selbst viele der von S. Leopoldina in das Auswanderungshaus von Rio Janeiro zurückgekehrten Kolonisten sich zur Arbeit geneigt zeigten, wurden sie nicht allein von den Rädelsführern gemißhandelt, sondern auch von den Aufwieglern gezwungen, sich den Straßen-Excessen und öffentlichen Demonstrationen anzuschließen. Mit wildem Toben zogen die polnisch-preußischen Kolonisten vor das deutsche Consulat und verlangten unentgeltlich wieder in die Heimath zurückbefördert zu werden.

Daß die brasilianische Regierung sich auf das Ersuchen des deutschen Consuls bestimmen ließ, die Tumultuanten für längere Zeit in dem Auswanderungshause zu unterhalten und somit der Unthätigkeit dieser Vorschub zu leisten, war vielleicht zu weitgehende Nachsicht, beweist aber jedenfalls den hohen Grad von Entgegenkommen und Mäßigung, mit der sie internationalen Anforderungen zu begegnen bestrebt ist. —

In gleichem Maaße, wie die Klagen in Bezug auf die Lage der europäischen Einwanderer von Leopoldina und Assungy übertrieben waren, sind es auch diejenigen gewesen, die über die Privatkolonisation in der Provinz Bahia einen vollständigen Allarm in der deutschen Presse verursachten: Da aber in dieser Angelegenheit wirkliche Versehen den Unternehmern zur Last zu legen sind, infolge deren die kaiserliche Regierung sogleich eingeschritten ist, so werden die folgenden Erläuterungen, wie sie aus authentischer Quelle stammen, für den Leser nicht ohne Interesse sein.

Die Idee, auch den Süden der Provinz Bahia der europäischen Einwanderung zugänglich zu machen, war bei der ungünstigen Stimmung, mit der man in Deutschland im Allgemeinen die Auswanderung nach Brasilien beobachtete, keine glückliche zu nennen, denn selbst bei den allergünstigsten Erfolgen würde sie (es ist wohl unnöthig, die Gründe dafür anzugeben) keine Sympathie in den deutschen amtlichen Kreisen gefunden haben; aber die Idee war keine inhumane oder unverständige, weil die Geschichte der deutschen und schweizerischen Kolonisation in der alten Kolonie Leopoldina (Caravellas) bewiesen hat, daß der Europäer auch in jenen Tropengegenden sehr gut sein Fortkommen findet und durch den Kaffeebau leicht zum Wohlstande gelangt.

Der Süden der Provinz bietet an der Meeresküste viele kleine Häfen und eine Menge von Flüssen der Schifffahrt dar; dem europäischen Ackerbauer gewährt er fruchtbare Ländereien; aber dieser darf nicht die flachen Flußufer zur Ansiedlung wählen, weil in ihnen häufig Krankheiten herrschen. Das Hochplateau dagegen hat ein gutes und gesundes, wenn auch warmes Klima, und eignet sich namentlich zum Kaffee-, Cacao- und Tabackbau. — Betrachten wir etwas genauer dieses Kolonisationsterrain und gehen wir von dem südlichsten Punkte der Provinz, dem Städtchen Cannavieiras, 4 Meilen nordwärts an der Küste entlang, so kommen wir zu dem Hafen Commandatuba, von welchem ½ Meile entfernt die Privatkolonie „Moniz“ angelegt worden ist.

Der Hafen von Commandatuba steht mit dem von Una in Verbindung und zwar durch das Flüßchen Una, das aus 2 Armen gebildet wird, von denen der nördliche bis zu dem Flecken Cachoeirinha schiffbar ist und den Hafen der Privatkolonie „Theodoro“ in sich schließt.

Die Ufer der beiden Flüßchen Una und Braço do Sul liegen, mit einigen Ausnahmen, hoch, sind frei von Ueberschwemmungen und Sümpfen und besitzen fruchtbare Ländereien mit kräftigem Walde und vorzüglichen Nutzhölzern. Der Boden eignet sich zum Kaffee-, Baumwollen- und Tabackbau auf das Beste, wofür das Gedeihen der deutschen Ansiedlung aus dem Jahre 1822 spricht, die an dem Flüßchen Cachoeira de Itabuna liegt, aber ihren deutschen Charakter schon lange verloren hat.

Wenn die Vereinigung dieser südlichen Municipien mit den nördlichen und östlichsten der Provinzen Espirito Santo und Minas Geraes zu Stande kommen und dadurch eine neue Provinz mit einer einheitlichen Administration geschaffen werden sollte, wozu der Vorschlag dem gesetzgebenden Körper bereits unterbreitet ist, so würde in diesem angedeuteten Landestheile die Operationsbasis zu einem günstigen Kolonisationsunternehmen zu suchen sein;

unter den obwaltenden Verhältnissen aber kann man diesem nicht das Wort reden, wenn man auch die Bemühungen anerkennen muß, welche die brasilianische Regierung zum Gedeihen der neubegonnenen, freilich ungünstig angefangenen Kolonisation der Provinz Bahia neuerdings entfaltet hat.

Den vielfachen Privat-Mittheilungen der Presse gegenüber, welche im höchsten Maaße das Mitgefühl des Lesers in Anspruch nehmen müßten, wenn sie vollständig begründet wären, mögen hier folgende authentische, dem „Diario Official" von Rio Janeiro entnommenen und wiederholt bestätigte Nachrichten über jene Kolonisationsversuche an ihrem Platze sein, die wir ohne jedweden Kommentar dem Leser zur Kenntnißnahme übergeben.

Die brasilianische Regierung hatte die Vorschläge zweier Unternehmer, des Staatsraths Lopes de Leaõ und des Komthurs Egas Moniz Barreto de Arragaõ, zur Kolonisation des südlichen Theils der Provinz Bahia angenommen, in der Ueberzeugung, daß der ordentliche und fleißige europäische Landmann auch hier — wie es seinen Vorgängern gelungen war — sein gutes Fortkommen finden werde; sie stimmte den Unternehmern bei, daß diese keine Landarbeiter, sondern Emigranten, die sich als Landbesitzer ansiedeln wollten, engagiren dürften. Die Unternehmer einigten sich der Art, daß Ersterem die Wahl der Ländereien, die Anlage der Kolonien, die Vermessungen, ersten Einrichtungen zum Unterbringen der Einwanderer, deren Verpflegung und die administrative Leitung der Ansiedlung, Letzterem aber die finanzielle Verwaltung zufallen sollte.

Nachdem die Anlage der Kolonien, die Etablissements zur Aufnahme der Einwanderer, die Depots und Lebensmittelmagazine bestimmt und die Arbeiten dazu im Gange waren, auch der Ort der Residenz für die Verwaltung auf der Fazenda Commandatuba (die spätere Kolonie Muniz) bezeichnet und zugerichtet war, wurde die Administration und einstweilige Leitung der Geschäfte dem frühern Besitzer des Gutes Commandatuba, der den Ruf eines tüchtigen und zuverlässigen Landwirths hatte, einem gewissen Jannario José de Freitas, mit der Weisung übertragen, die Vermessungen der Kolonie- und Stadtloose, die Anlage der provisorischen Wohnungen, der Kirche, Hospitäler, Apotheken, Werkstätten und Depots zu leiten, sowie die nothwendigen Kommunikationen auszuführen, zu welchem Behufe ihm die nothwendigen Mittel angewiesen wurden. Nachdem dies geschehen, reisten beide Unternehmer nach Europa ab und contrahirten die Schiffspassagen in Antwerpen und Hamburg mit den Schiffsrhedern Louis Hermes und Lobedanz.

Auf die Benachrichtigung von José de Freitas, daß die Vorarbeiten bis zum Monat März d. v. J. fertig sein würden, erfolgten die Engagements von Kolonisten und Moniz de Arragaõ kehrte nach der Provinz Bahia zurück, um die Leitung der Geschäfte selbst zu übernehmen.

Im Monat März kamen die ersten Kolonisten von Europa an und diesen folgten bis zum October noch 7 andere Expeditionen, so daß die Zahl derselben 1825 Seelen repräsentirte. Ihrem Wunsche gemäß sollten sie sich als Landeigenthümer, nicht als Arbeiter, etabliren; ebenso durften sie hingehen, wohin sie wollten, falls sie nur ihren Passageantheil (von 17 Rthlr. für den Erwachsenen und $8^1/_2$ Rthlr. für die Kinder zwischen 2 bis 10 Jahren), der ihnen vorgeschossen war, entrichteten. Der Mehrbetrag der Passage wurde ihnen ebenso, wie jedem Andern, der nach Brasilien auswandert, von der Regierung geschenkt.

Leider traten bei diesen Anwerbungen zwei störende Momente ein, welche die Unternehmer nicht vorhergesehen hatten: Die unglückliche Auswahl von nicht geeigneten Landleuten in Europa und die unrichtige Anlage einiger Ansiedlungspunkte, sowie die Unfähig- oder Unzuverlässigkeit des stellvertretenden Verwalters José de Freitas.

Die Anwerbung guter und kräftiger Kolonisten hatte in Deutschland besondere Schwierigkeiten gehabt, und statt dieser kamen über Antwerpen sehr viel alte, mit Schwindsucht und andern chronischen Leiden behaftete Personen, die zu keiner Arbeit, am Wenigsten aber zum Kolonisiren in Brasilien, fähig waren; die Folge davon war, daß die meisten Dieser sehr bald dahinstarben und daß dem Unternehmer in Antwerpen mit Recht seitens der brasil. Behörden der Vorwurf der Sorglosigkeit gemacht wurde. — Die Expeditionen über Hamburg brachten, wie aus den officiellen Berichten hervorgeht, keinen Tadel in Bezug auf physische Beschaffenheit der Einwanderer, nur scheint es mir, als ob unter diesen diejenigen Elemente sich befanden, welche durch Aufwiegelung und Hetzereien ultramontanen Charakters sich in Brasilien so ungünstig bemerkbar machten; es waren unter ihnen vorzugsweise Polen 'aus dem Großherzogthum Posen, die auch in Brasilien Grund und Vorwand zu ultramontanem Skandal fanden! dafür kann man den Hamburger Auswanderer-Beförderer gewiß nicht verantwortlich machen, über dessen Gewissenhaftigkeit mir nur die günstigsten Zeugnisse in Brasilien und in Europa bekannt geworden sind.

Das zweite störende Moment in der Bahia'nischen Kolonisation aber war die Unzuverlässigkeit oder Ungeschicktheit des Administrators Freitas. —

Derselbe hatte, dem officiellen Berichte des brasil. Commissairs zufolge, einmal nicht die nothwendige Sorgfalt auf die zweckmäßige Ausführung seiner übernommenen Arbeiten verwendet und anderseits zu frühe und zu leichtfertig die Anzeige zum Absenden der Emigranten von Europa gemacht; die Folge davon war, daß die Expeditionen, die sehr schnell auf einander nach Brasilien erfolgten, die Vorarbeiten nicht beendigt fanden und darum schon von vorneherein unzufrieden wurden. Auch war die Wahl des Terrains zur Anlage der Kolonie M u n i z keine glückliche, dennoch wurde dieselbe am 16. März 1873 im Beisein des Unternehmers Moniz Barreto de Arragaõ eingeweiht. —

Da immer neue Zuzüge von Kolonisten nach Commandatuba und Moniz kamen und die Arbeiten nur langsam fortschritten, außerdem die schlechte Jahreszeit mit ihrem anhaltenden Regen eintrat und unter den Einwanderern sich viele Kranke befanden, so wurde die Unzufriedenheit allgemein. Der Verwalter José de Freitas war unterdeß am Gehirnschlage gestorben; Lopes de Leaõ, der bereits im Mai die Direktion der Kolonie übernommen hatte, konnte den Unordnungen nicht steuern, da diese einen r e l igiösen Charakter angenommen hatten. Dem Polizeichef gelang es, die Ruhe dadurch herzustellen, daß die polnischen Rädelsführer, welche die ultramontane Bewegung gegen die Schweizerischen Protestanten unterhalten hatten, von der Kolonie entfernt wurden.

Die Kolonialverwaltung hatte die Zeit benutzt, um den Kolonisten besseres Unterkommen zu schaffen, geeignetere Ländereien mit gesundem Klima auszusuchen, und so wurde denn sehr bald die Kolonie Theodoro angelegt, wohin sich sogleich ein Theil der 1166 starken Bevölkerung begab. Aber auch hier hörten die religiösen Bewegungen (die später sogar noch in Rio de Janeiro fortgespielt wurden) nicht auf. Wenn auch die Gründe zu den Klagen über Wohnung, Verpflegung und ärztliche Hilfe durch zweckmäßige und reichhaltige Anordnungen seitens der Direktion beseitigt waren, so war damit noch nicht die Zufriedenheit unter der Bevölkerung zurückgekehrt. Deshalb wurde eine zweite zweckmäßigere Ansiedlung bei Cachoeirinha und später eine dritte unter dem Namen „Nucleo colonial de Poço," bewerkstelligt; auch bot ein Deutscher, Namens Adolph Stolze, sein Landgut zur Ansiedlung von Kolonisten an. — Dieser schloß mit den Unternehmern unter gleichen Bedingungen, wie solche mit der Regierung contrahirt waren, einen Contrakt ab und nannte die Kolonie, die mit 50 deutschen Familien gegründet wurde, Carolina.

Den Nachrichten zufolge, befinden sich die Kolonisten in allen diesen neuern Ansiedlungen wohl und zufrieden. —

Die Anlage der Kolonie Moniz, war, wie bereits erwähnt worden ist, keine glückliche; man hatte sich durch die Nähe des Hafens Commandatuba und durch den, auf dem Landgute bereits bestehenden Kulturbestand täuschen lassen.

Die Auswahl der Kolonie Theodoro zur Ansiedlung von Europäern war dagegen gut zu nennen, denn die Ländereien dieser Kolonie sind höher gelegen, haben viele Gewässer, die zu industriellen Unternehmungen benutzt werden können, erfreuen sich eines guten Klimas und eigenen sich vor allen Dingen zum Kaffee- und Tabakbau.

Aus dem Berichte des Staatsraths Azambuja an die Kaiserliche Regierung, welchem wir diese, so wie die weitern Mittheilungen über die Kolonisation in der Provinz Bahia entnommen haben, geht weiter hervor, daß die Auswahl der Ländereien an den Orten „Poço," „Carolina" und „Cachoeirinha" eine durchaus zweckentsprechende, dagegen die, in Bezug auf Moniz, eine bedauerliche gewesen sei. Den Unternehmer Lopes de Leaõ trifft der Vorwurf, daß er sich in der Auswahl der Ländereien nicht besser vorgesehn und sich zu sehr auf die Berichte des p. Freitas verlassen hat. —

In Bezug auf die Verwaltung der Ansiedlungen, wie sie der Commissair angetroffen hat, ist hinzuzufügen, daß — wahrscheinlich infolge der stattgehabten Verwirrungen und Unordnungen — die Buchführung auf den Kolonien eine unregelmäßige gewesen ist, so daß die namentlichen Register der Kolonisten, der Kranken und Verstorbenen, die Kolonie- und Verme ssungsjournale die Löhnungs- und Schuldbücher, die alle acht Tage hätten abgeschlossen sein sollen, erst vollständig in Ordnung gebracht werden mußten. Eine gleiche Unregelmäßigkeit hat sich auch in den Abrechnungen mit den von der Regierung vorgeschossenen oder als Subvention gewährten Geldern vorgefunden, doch hat diese direkt keinen Einfluß auf die Lage der Ansiedler ausgeübt, da im Allgemeinen mit Geldausgaben nicht ökonomisirt worden ist. Der Rückzug des Geistlichen, des Arztes und Apothekers und endlich auch des deutschen Buchhalters von der Kolonie konnten natürlich nicht dazu beitragen, die Stimmung der Kolonisten versöhnlicher zu machen. — Am 18. October befanden sich auf d r Kolonie Moniz nur noch 478 europäische Kolonisten, weil die übrigen bereits nach andern Orten übergesiedelt waren. Vermessene Kolonieloose waren 49, welche 200 Meter Breite und 320 Meter Tiefe oder Länge hatten. — Plätze zu Wohnungen in dem projektirten Dorfe waren in der Zahl von 144 vorhanden und hatten je 11 Meter Breite und 44 Meter Tiefe. Die Zahl der provisorischen Häuser betrug 173, von denen 40 noch im Bau begriffen waren.

Auf der Kolonie Theodoro, welche um dieselbe Zeit 911

Ansiedler in sich schloß, befanden sich die Kolonialzustände in viel günstigeren Verhältnissen, so daß man mit vollem Rechte behaupten kann, daß die Unternehmer hier ihre Schuldigkeit gethan hatten. — Wegen Mangel an Zeit waren erst 44 Kolonieloose vollständig, 33 nur in der Breite vermessen (sie sollen alle 64,000 □Meter Flächeninhalt haben), dagegen befanden sich die Baulichkeiten in gutem Zustande, so daß die Kirche, die Krankenhäuser, Apotheke, Handwerksstätten u. s. w. bereits ihrer Vollendung entgegen sahen. Auch waren die Vorrathsmagazine mit guten Lebensmitteln gefüllt und daß die Leute nicht blos auf das zum Leben Nothdürftigste beschränkt waren, beweist unter andern, daß selbst ein Tanzlokal nicht fehlte, in welchem die Kolonisten sich amüsirten.

Ueber den Gesundheitszustand berichtet der Kommissair, daß mehr infolge höchst unglücklicher Zufälligkeiten, als der ungünstigen Lage der Kolonie, leider viel Krankheits- und Sterbefälle unter den Einwanderern vorgekommen sind.

Diese, die zufolge großer Armuth, kaum mit den dürftigsten Kleidungsstücken versehen, überdies sehr unvorsichtig in dem Genusse der tropischen Früchte waren, erkrankten infolge genannter Uebelstände häufig an Durchfall und intermittirendem Fieber, und wenn die Aerzte ihnen auch volle Aufmerksamkeit und Sorge widmeten, so starben viele derselben. Außer dem sehr thätigen deutschen Arzte, Dr. Steiner, betheiligten sich einheimische Aerzte aus Bahia an der Krankenpflege, bei der in entsprechender Weise auch für Medikamente gesorgt wurde.

Daß übrigens selbst auf Moniz den Einwanderern ärztliche Pflege nicht gefehlt haben kann, beweist das Zeugniß der Schweizer-Wohlthätigkeits-Gesellschaft, welche eine Kommission zur Pflege der Kranken von Rio de Janeiro geschickt und erklärt hatte: „daß die Unternehmer alles nur Mögliche zum Wohle der Kolonisten gethan und die Magazine durchaus keinen Mangel gehabt hätten; ja sie bestätigen, daß auch das nöthige Personal zur Krankenpflege auf der Kolonie vorhanden gewesen wäre.“ —

Von den 112 Todesfällen in der Kolonie erfolgten viele

infolge Schwindsucht und anderer, von Europa mitgebrachten Krankheiten; die intermittirenden Fieber, denen etwa der 4te Theil der Kranken erlag, hatten sich aber nicht zu einer grassirenden Epidemie ausgebildet. Am 8. Oktober v. J. waren noch 44 Kranke in Behandlung, deren Zustand sich besserte.

Auf der Kolonie Theodoro, welche das größte Contingent der Einwohner von der weniger gesunden Kolonie Moniz erhalten hatte, befanden sich in dem Zeitraume vom 14. September bis 14. Oktober 107 Kranke, meist an der Lungenschwindsucht leidend; von ihnen genasen 43, in Behandlung blieben 23 und 41 starben. — Von dieser Epoche ab war der Gesundheitszustand gut, vortrefflich aber in Carolina und Poço. — Von Theodoro ist seitdem Niemand mehr fortgezogen.

Der Bericht des Staatsrath Azambuja an die Regierung schließt mit weitern, interessanten Details, so wie mit den Anordnungen und Vorschriften, welche derselbe im Interesse und zur Förderung des Wohls der Kolonisten getroffen hat; er ist ein um so schätzenswertheres Dokument, als in ihm nicht nur die Fehler und Mängel, deren sich die Unternehmer schuldig gemacht haben, aufgedeckt, sondern auch die Maaßnahmen angegeben sind, die für die Folge getroffen werden müssen, um zur Vermeidung ähnlicher Uebelstände zu führen. — Auf Anordnung des Kommissairs, dem in Kolonisationsangelegenheiten lange Erfahrungen und vielseitige Kenntnisse zur Seite stehn, sind Vorschriften und Modelle zur Regulierung einer gewissenhaften Buchführung, namentlich in Bezug auf die Abrechnungsbücher mit den einzelnen Kolonisten, eingeführt worden; auch ist angeordnet, daß Moniz nicht als Kolonisationscentrum zu benutzen sei, daß die Kolonisten nach andern Orten übersiedeln dürften, daß das Hauptdepot für Lebensmittel in Cachoeirinha etablirt werde und daß endlich mit der Eröffnung von Straßen zwischen den verschiedenen Kolonieetablissements und mit der Aufräumung einiger Flüsse, wie des Braço do Sul, schleunigst vorgegangen werde. Er verlangt schließlich, daß die Dampfschiffsgesellschaft der Provinz Espirito Santo — natürlich durch Gewährung einer gewissen Subvention seitens der Regierung

— angehalten werde, eine regelmäßige Verbindung mit den Häfen Canavieiras, Commandatuba und Una eintreten zu lassen.

Mit diesen Schilderungen des wirklichen Thatbestandes der deutschen Ansiedlung in der Provinz Bahia schließe ich meine Mittheilungen und Betrachtungen über die „Einwanderungs- und Kolonisationsverhältnisse Brasiliens" und will nun noch dem Leser ein flüchtiges Bild von der gegenwärtig politischen Lage dieses Landes, sowie von dem Kampfe entwerfen, welchen seiner Regierung die Anmaaßung und der Uebermuth der römischen Kurie aufgezwungen hat.

Brasilien ist in dem amerikanischen Länderkolosse das einzige Land, welches eine monarchisch-constitutionelle Regierung und in dieser einen Schatz besitzt, um den es die meisten der dortigen republikanischen Staaten zu beneiden Grund haben.

Ich erwähnte früher die Grundzüge seiner kulturhistorischen Entwickeluug, der politischen Ereignisse und der Persönlichkeiten, welchen Brasilien die Erhaltung des monarchischen Princips und mit ihm die Sicherheit verdankt, mit welcher es an dem Ausbaue seiner freisinnigen Verfassung, an dem Fortschritte seines intellektuellen und materiellen Wohls fort zu arbeiten vermochte.

Aber nicht ohne innere und äußere Kämpfe wurde dieser Fortschritt ermöglicht, nicht ohne große patriotische Opfer konnte Brasilien sich auf die Stufe der Civilisation emporschwingen, auf der es heute — alle seine süd- und mittelamerikanischen Bewerber überragend — steht.

Während in den Nachbarstaaten, den Bruchstücken des früheren spanischen Vice-Königreichs, unaufhörlich Kämpfe um die Regierungsgewalt, in dieser aber Willkür und selbst Tyrannei herrschen, welche eine anhaltende Unsicherheit in dem Leben und dem Besitzthume des Unterthanen zur Folge haben, erfreut sich Brasilien einer dauernden, geregelten und humanen Regierung, unter der das Volk in allen, selbst in den entlegensten Landestheilen Schutz und persönliche Sicherheit findet.

Die — im Vergleiche zu seinen Nachbarstaaten — große politische Macht und der bedeutende Wohlstand Brasiliens, mehr noch aber der angeborene Haß des spanischen Amerikaners gegen den Brasilianer, endlich die Uebergriffe der wilden, leidenschaftlichen und grausamen Landbevölkerung der, an die brasilianischen Südprovinzen grenzenden Pseudo-Republiken, welche häufig, unter Mißachtung aller Verträge, die Revolutionen über ihre Grenzen zu tragen versuchten, verursachten Kriege zwischen Brasilien und der argentinischen Konföderation, die selbst in der Gegenwart noch nicht ihren Abschluß gefunden zu haben scheinen.

Seit dem Frieden von Buenos Ayres (1828), durch welchen Brasilien Montevidêo und die Banda Oriental (die Republik Uruguay), mit ihnen zugleich den La Plata-Fluß als Grenze verlor, hat die Argentinische Konföderation unaufhörlich eine feindliche ränkevolle Haltung gegen Brasilien beobachtet und den Racenhaß zu unterhalten verstanden, trotzdem daß dieses jener stets die wichtigsten Freundschafts- und Humanitätsdienste geleistet hat.

Brasilien scheute nicht Geld und Blut, um Buenos Ayres im Jahre 1852 von dem Tyrannen Rosas zu befreien; es beschützte Montevidêo in den nächst darauf folgenden Jahren gegen seine innern Revolutionen und erlöste endlich auch Paraguay durch einen fast sechsjährigen Krieg (von 1865 bis 70) von dem grausamen Diktator Solano Lopez.

Die in dem paraguayischen Kriege zwischen Brasilien, der Argentinischen Konföderation und dem Estado Oriental stattgehabte Allianz hat den militairischen Operationen Brasiliens mehr geschadet als genützt, so daß Brasilien die Kriegsopfer fast allein getragen hat. Es hat keine Spanne des eroberten Landes für sich beansprucht und unterhält noch heute eine Heeresabtheilung in Paraguay, damit dieses sich neu constituiren und entwickeln könne; es verfolgt nur das einzige Interesse, die freie Schifffahrt auf dem La Plata- und dem Paraguay-Flusse, durch welche Brasilien die Kommunikationen mit seinen innern Provinzen (Matto Grosso) gesichert sind, aufrecht zu erhalten.

Infolge Bestimmung der Tripelallianz vom Jahre 1865 sollen die Grenzen Paraguays intakt bleiben; aber Buenos Ayres kehrt sich nicht an dieselbe, sondern weigert sich, das streitige Gebiet Paraguays, den Gran Chaco, den es auf dem rechten Ufer des Paraguays occupirt hält, herauszugeben: ja es klagt Brasilien sogar des Contraktbruchs an, weil dieses — gegen die Klausel der Allianz — einen Separatfrieden mit Paraguay abgeschlossen hat, freilich erst nachdem der argentinische Bevollmächtigte zu Ende des Jahres 1871 zu keinem definitiven Resultate seiner Unterhandlungen mit Paraguay gelangt und unverrichteter Sache von Assumption abgereist war.

Wenn nun auch der Chaco ein völlig uncultivirter, ungesunder, sumpfiger Landstrich ist, der erst nach Jahrhunderten Bedeutung erlangen kann, will ihn Paraguay, das sich bisher im ungestörten Besitze einzelner Theile desselben, wie der Assumption gegenüber liegenden, Villa Oriental, befunden hat, nicht hergeben, um nicht eines Tags von der, es im Westen, Süden und Osten dann völlig umfassenden Konföderation erdrückt zu werden, und den goldenen Traum der Argentiner, die Grenzen des ehemaligen spanischen Vicekönigthums Buenos Ayres, wozu auch die Banda Oriental gehörte, wiederherzustellen, in Erfüllung gehn zu sehen. Aus diesem Grunde widersetzt sich Paraguay und die Argentiner wollen, Brasilien soll ihre Ansprüche unterstützen, wozu sich dieses aber durchaus nicht veranlaßt sieht. Deshalb haben die Argentiner auch offen die Ausrüstung der Rebellenarmee des Generals Caballero gegen die gegenwärtige Regierung von Paraguay zugelassen; sie hoffen, daß eine neue einzusetzende Regierung in Paraguay sich ihren Wünschen willig fügen wird.

Dieses Alles bietet Grund und Vorwand genug zu einem Kriege zwischen der Argentinischen Konföderation und Brasilien, dessen Ausgang, falls er überhaupt nicht infolge einer geeigneten Präsidentenwahl ganz vermieden werden sollte, wol schwerlich zu Ungunsten Brasiliens ausfallen dürfte, weil auf Seiten dieses das Recht, die größere Macht und die Civilisation steht und seine Regierung freundschaftliche Beziehungen mit den andern Nationen unterhält.

Ein augenblicklich größeres Interesse seitens Deutschlands nehmen aber die kirchlichen Wirren in Brasilien in Anspruch: hier, wo die römisch-katholische Religion noch die des Staats ist, sehen wir die traurigen Folgen des Syllabus, wie sie mit der Zeit alle Länder heimsuchen müssen, in denen der Geist und die Aufklärung sich nicht untergraben lassen will.

Dem Leser ist bekannt, in welcher Weise der Bischof von Olinda (Pernambuco) sich den Landesgesetzen gegenüber benahm, wie er sich in einen offenen Kampf gegen die brasilianische Regierung einließ und wie diese den Prälaten inhaftiren und zur Verantwortung und Verurtheilung vor das competente Tribunal ziehen ließ. — Die kaiserliche Regierung hatte, um einer weitern religiösen Bewegung im Lande vorzubeugen, einen besonderen Gesandten nach Rom gesendet, um auf die Gefahren aufmerksam zu machen, welche die Kirche dadurch bedrohten, daß ihre Diener die bestehenden Landesgesetze verletzten. Infolge dieser Vorstellung ist — wie die Presse mittheilt — im Auftrage des Papstes dem brasilianischen Gesandten die Mittheilung gemacht, daß das Oberhaupt der Kirche die von dem Bischofe vollzogenen Excommunikationen nicht billige und daß dieser dieselben rückgängig zu machen und das gute Verhältniß mit der brasil. Regierung wiederherzustellen habe. Diese Rektifikation, wenn sie überhaupt stattgefunden, was nach allen, bisher vom Vatikan ausgegangenen Handlungen bezweifelt zu werden verdient, ist ohne Erfolg geblieben.

Unter solchen Umständen ist voraussichtlich, daß die brasilianische Regierung, namentlich in dem Falle, daß sich kein Prälat in Brasilien zur Aufhebung jener von dem Bischofe von Olinda verhängten Kirchenstrafen bereit finden sollte, einen Vikar dazu ernennen werde.

Seit dem Bekanntwerden des Fehlschlagens in Rom haben die politischen Partheien im Lande sich mehr zu regen begonnen und namentlich verdient der Beachtung die Propaganda, die, zu Gunsten der „Gewissensfreiheit," immer größere Dimensionen annimmt und die unter der Devise: „Vollkommene Religionsfreiheit" oder „freie Kirche im freien Staate" von der Nationalvertretung verlangt:

„Frei seien fortan die Gewissen, frei die Ausübung jeder „Konfession in Brasilien. Freiheit und Gleichheit aller Reli-

„gionen; Abschaffung der Staatskirche und Trennung derselben „vom Staate, sowie Entziehung aller Privilegien, welcher sie als „solche genoß. Der Religionsunterricht in den Schulen ist nicht „obligatorisch, die Eltern mögen denselben ihren Kinden im Hause „angedeihen lassen, die Priester nur in den Kirchen. Die Civil„ehe, ohne Beeinträchtigung der kirchlichen Ceremonie, ist bindend; „die Civilregister über Geburten und Todesfälle, sowie auch die „Kirchhöfe werden der weltlichen Behörde übergeben." —

Diesem Kampfe, dessen Ausgang nicht nur für Brasilien, sondern speciell auch für Deutschland von Bedeutung werden muß, sollte Letzteres die aufrichtigsten Sympathien zuwenden, die Presse aber Veranlassung nehmen, jenem Lande Gerechtigkeit und Anerkennung als einem solchen zu zollen, das für die Rechte der Menschheit, für die Aufklärung und den Fortschritt in die Schranken getreten ist!

Wenn es mir im Vorstehenden gelungen sein sollte, die vielen, in letzterer Zeit in der deutschen Presse hervorgetretenen ungünstigen Beurtheilungen der „brasilianischen Einwanderung und Kolonisation" in ihrer Mehrzahl als Entstellungen und Uebertreibungen zu kennzeichnen, die Darstellung wirklicher Mißstände aber durch eine auf eigene, vorurtheilsfreie Anschauung und langjährige praktische Erfahrung gestützte Darlegung der faktischen Verhältnisse auf das Maaß der Wahrheit zurückzuführen, so wäre der Zweck dieser Skizze erfüllt. Ich würde es dann dem einsichtsvollen Leser getrost überlassen können, sich selbst die Frage zu beantworten, ob der Widerstand, welcher besonders in letzterer Zeit, speciell gegen die Auswanderung Deutscher nach Brasilien, im Gegensatz zu der nach andern Ländern, mit allen Mitteln betrieben wird, an sich berechtigt ist und ob er dem wohlverstandenen Gesammtinteresse Deutschlands entspricht, wenn man in diesem einerseits das Interesse des Heimathlandes, anderseits auch das der ausgewanderten Deutschen berücksichtigt.

Nachwort.

Nachdem meine vorstehenden Mittheilungen längst abgeschlossen und dem Drucke übergeben waren, kamen immer noch neuere Beweise für die Zuverlässigkeit derselben von Brasilien an; dennoch würde ich — im Bewußtsein, nur die vollständigste Wahrheit niedergeschrieben zu haben — mich nicht zu diesem Nachworte veranlaßt sehen, wenn nicht die officiöse Presse den Umstand, daß wiederholentlich deutsche Auswanderer von Brasilien nach Deutschland zurückgekehrt sind, auszubeuten und mit ihm neue, freilich höchst ungerechte, Klagen gegen Brasilien zu begründen versucht hätte.

Die zurückkehrenden Kolonisten, diese lebendigen Beweise einer unwürdigen, absichtlichen Täuschung seitens brasilianischer Agenten — in solcher und ähnlicher Weise argumentirt nämlich die deutsche officiöse Presse — müßten doch hinreichend sein, um jedweden Auswanderungsstrom von Brasilien fernzuhalten: demnach wären aber auch alle diejenigen Maaßregeln gerechtfertigt, welche deutsche Behörden — ganz dem Principe entgegen, nach welchem die Auswanderungsfreiheit im deutschen Reiche gewährleistet ist — zur Erschwerung der Auswanderung nach Brasilien anwendeten!

Von diesen unglücklichen Auswanderern, welche die alte Heimath wieder aufsuchen und so sehr das allgemeine Mitleid rege zu machen verstanden, daß einzelne derselben S. Majestät dem wohlwollenden und großmüthigen deutschen Kaiser vorgestellt und von ihm beschenkt wurden, schreibt die „Weser-Zeitung" unterm 16. Mai Folgendes:

„In Bremerhaven trafen am 9. Mai mit dem österreichischen Schiffe „Polyxena" — Kapitain Nikolich — 116 Einwanderer,

„größtentheils polnische Preußen ein, die von Rio de Janeiro „auf Kosten der dortigen deutschen Behörden nach Deutschland „zurückgesandt wurden und deren Erzählungen die Nachrichten „von dem traurigen Zustand der brasilianischen Deutschen-Kolonien „in jeder Hinsicht bestätigen. Glänzende Projecte, deren Schilde„rungen durch die mündlichen Berichte gewissenloser Agenten und „bezahlter Werber noch übertroffen wurden, hatten vor zwei Jahren „die Kunde von einem brasilianischen Eldorado verbreitet. In „gemäßigtem Klima, auf einem Grund und Boden, der neben „allen Produkten Deutschlands reiche Reisernten bringen werde, „sollte jeder Einwanderer kultivirtes Land zu Spottpreisen, un„kultivirtes Land ohne alle Zahlung angewiesen erhalten. Schiffbare „Flüsse, geordnete Landstraßen sollten reichen Exportgewinn garan„tiren. Die Passagepreise für junge kräftige Einwanderer wurden „auf wenige Thaler reducirt. Viele Bethörte, meistens Familien„väter im kräftigsten Mannesalter, verkauften ihre zum Theil „werthvolle Habe und zogen mit dem Erlöse in das gepriesene „Wunderland. Dort aber in den Kolonien St. Leopoldina und „Moritz*) wartete ihrer ein Loos, dem fast ein Viertel der Ein„wanderer im ersten Jahre erlag, während der Rest jetzt auf ver„schiedenen Schiffen krank und arm in die alte Heimath zurück„flüchtet. Statt kultivirter Ländereien Urwald, in den die geprie„senen Straßen hineingeschlagen werden mußten — statt fließenden „Wassers Sümpfe, deren giftige Dünste durch die elenden, un„dichten Schilfhütten drangen, die den Kolonisten als Wohnung „angewiesen wurden. Sengende Sonnenstrahlen lähmten jede „Thätigkeit, Fieber warfen die Einwanderer nieder, Insekten „quälten Gesunde wie Kranke. Der ausgedörrte steinige Boden „bot keine Hoffnung auf Ernten; alle Lebensmittel mußten theuer „erkauft werden. Das mitgebrachte Geld wurde verzehrt, unge„nügende Tagelöhne brachten die Familien tief und tiefer in die „Schuld der Koloniedirektoren. Helle Verzweiflung zwang endlich „zum Verlassen der Kolonien. Die Unglücklichen wurden auf „verschiedenen Wegen nach Rio geschafft und nachdem sie dort

*) Anm. des Verf. Soll wol Moniz heißen?

„zum Theil Monate lang von der Mildthätigkeit ihrer Lands„leute gelebt, in ihre alte Heimath zurückgesandt. Die in Bremer„haven angekommenen Familien, deren ganzes Aussehn die Richtig„keit ihrer Erzählungen bestätigt, wurden dort bestens mit frischem „Proviant gepflegt, soweit nöthig, ärztlich behandelt und dann von „den Behörden über ihre Erlebnisse vernommen. Ob auf Grund „ihrer Aussagen gegen die Agenten eingeschritten werden kann, „die das Unglück der Leute wenigstens moralisch verschuldet, wird „sich herausstellen müssen. Das Deutsche Strafgesetzbuch droht „längere Gefängnißhaft Dem, der gewerbmäßig Deutsche durch „falsche Vorspiegelung zur Auswanderung verleitet. Ob aber „solche strafbare Verleitung immer dann schon vorliegt, wenn ein „Agent auf Grund ihm zugegangener Prospekte einen Europamüden „zur Auswanderung veranlaßt, dürfte sehr zweifelhaft sein. Die „Kosten der Landreise, die in Betreff der auf dem Schiffe be„findlichen österreichischen Einwanderer vom österreichischen Con„sulate übernommen waren, wird in Betreff der preußischen Emi„granten wahrscheinlich der preußische Staat getragen haben." —

Diese armen Auswanderer kehren also von der Kolonie Santa Leopoldina (in der Provinz Espirito Santo) und aus den Ansiedlungen der Provinz Bahia zurück, wo sie, ihren eigenen Aussagen zufolge, nur in dem größten Elende gelebt, keine Aussicht auf eine günstigere Gestaltung ihrer Lage gehabt haben und endlich, nachdem durch Almosen der Deutschen in Brasilien ihr trauriges Dasein gefristet worden war, kehren sie auf Kosten dieser Großmüthigen in ihre alte Heimath zurück, um noch einmal das Mitleid und den Geldbeutel ihrer Landsleute und der Regierung in Anspruch zu nehmen, welche Beide sie verläugnet und durch ihre ultramontane Opposition im Vaterlande, für welche sie nicht einmal in dem, wegen religiöser Intoleranz so verrufenen Brasilien den Heiligen- und Glorienschein der alleinseligmachenden römischen Kirche zu erringen vermochten, angefeindet hatten.

In Bezug auf die Kolonie Santa Leopoldina, die nach Sturz'scher Leseart und Kenntniß und nach Schentke'schem Echo „die wahrhafte Elendskolonie" und „die der Geheimnisse" ist, macht sich der wunderbare Umstand geltend, daß gerade zu der Epoche, als sie von den polnisch-preußischen Einwanderern wegen Untauglichkeit verlassen, sie von den auf der Kolonie angesiedelten Deutschen derartig angepriesen wird, daß diese einige dreißig Familien ihrer nächsten Verwandschaft in Deutschland nach derselben überzusiedeln einladen und die kaiserlich brasilianische Regierung um die Gewährung der vollen Transportkosten für sie angehen.

Indem die dortige Regierung diesem Gesuche Gehör gab und nicht vorauszusetzen ist — freilich hat der Unverstand und die Bosheit es auch bereits versucht, den in Brasilien angesiedelten Deutschen einen so unedlen Charakterzug unterzuschieben —, daß die auf S. Leopoldina ansässigen, arbeitsamen Familien nur deshalb ihre Verwandten nach der Kolonie zu kommen einlüden, damit sie deren Arbeitskraft ausbeuten und diese zu Theilnehmern ihres eigenen unglücklichen Looses in Brasilien machen könnten, so ist wol damit der deutliche Beweis geliefert, daß einerseits die brasilianische Regierung, trotz aller in Deutschland gegen sie angestrengten Anfeindung, sich nicht in ihrem Wohlwollen gegen die Einwanderer dieser Nationalität beirren, und daß anderseits für diese selbst sich eine gute und glückliche Zukunft auf jener Kolonie in Aussicht stellen läßt.

Hören wir nun weiter, in welcher Art der kaiserlich brasilianische Consul H. W. Witte in Bremen „betreffs jener Zurückgewanderten von Brasilien“ in der „deutschen Auswanderer-Zeitung“ unter Nummer 21 vom 25. Mai berichtet:

„Wohllöbliche Redaktion! Verschiedene der hiesigen Tages-„blätter verbreiteten die Nachricht, daß die Rückpassage der 117 „aus Brasilien zurückgekehrten Emigranten an Bord der „Polyxena“, „sowie der Unterhalt derselben an Bord während der Reise von „Seiten der deutschen Consuln in Bahia und Rio de Janeiro „bezahlt seien.“ —

„Diese Nachricht ist vollkommen unbegründet, wie sich aus „officiellen Mittheilungen, welche ich von der kaiserl. brasilianischen „Regierung gestern empfing, sowie aus früheren Nachrichten der „Befrachter von „Polyxena“ klar ausweist.“

„Gegen Ende von 1872 und Anfang 1873 sind nach den „Kolonien Santa Leopoldina (Provinz Espirito Santo) und nach „denen der Provinz Bahia von Egas Moniz und Lopes de „Leaõ Personen über Hamburg und Antwerpen ausgewandert, „worunter sich einige hundert Polen — größtentheils deutsche Unter„thanen und einige Oesterreicher befanden. Diese Individuen — „im Gegensatz zu andern deutschen Kolonisten — zeigten von „vornherein Abneigung gegen die gewöhnlichsten der zur Ansiedlung „nothwendigen Arbeiten, dagegen ließen sie es sich angelegen sein, „Unruhen zu stiften. und aufzusuchen, selbst durch ihre exaltirten „religiösen Tendenzen und katholische Intoleranz mit den protestan„tischen Kolonisten in Streit zu kommen."

„Unter den erwähnten Deutsch-Polen waren zwei — Joseph „Brzevsky und Joseph Ottlinsky — die Hauptunruhestifter; diese „beiden führten auch in Rio de Janeiro als Vertreter ihrer Lands„leute Klage, aber anstatt sich dort an die kaiserlich-brasilianische „Regierung oder das betreffende Ministerium zu wenden, brachten „sie ihre unbegründeten Beschwerden beim deutschen Consul, Herrn „Hermann Haupt vor, welcher darüber Protokoll aufnehmen ließ „und später der brasilianischen Regierung Mittheilung machte."

„Obgleich darauf hin der Herr Rath José Pinto de Ser„queira nach der Kolonie Santa Leopoldina reiste, etwaigen Uebel„ständen, die sich vorfinden könnten, abzuhelfen, so führte doch der „gleichzeitig in der Kolonie anwesende Bevollmächtigte und mit „Untersuchung der Sachlage Betraute des deutschen Consulats dem „Herrn Serqueira keinerlei Klage und wurden von ihm wie bis „dahin die Vernehmungen der Kolonisten von Seiten des deutschen „Consuls betrieben, ohne daß irgend eine brasilianische Behörde „dazu gezogen wurde."

„Nach Abreise des vom Deutschen Consul Bevollmächtigten „von Santa Leopoldina rotteten sich die Polen im Hafenort zu„sammen und unter tumultuarischen Excessen aller Art verlangten „sie Wegführung aus der Kolonie; in Anbetracht, daß diese Auf„rührer und Aufwiegler den übrigen arbeitsamen und ehrbaren „Kolonisten Schaden zufügen könnten und die letztern selbst die

„Entfernung der Polen wünschten, wurden 294 derselben nach „Rio de Janeiro befördert, in der Absicht sie in irgend einer ihnen „mehr zusagenden Kolonie der Provinz Rio Grande do Sul „anzusiedeln."

„In Rio Janeiro angekommen, ließ die kaiserlich brasilianische „Regierung sie während ganzer fünf Monate beherbergen und be= „köstigen, selbst die Hauptunruhstifter Joseph Brzevsky und Joseph „Ottlinsky nicht ausgenommen, und erst als sämmtliche Aner= „bietungen der Regierung: Unterbringung in irgend einer der „blühenden Regierungskolonien mit allen denkbaren Vergünsti= „gungen und Unterstützungen und Offerten von Privatleuten, sie „lohnend und anständig zu beschäftigen, von der Hand gewiesen „wurden, einfach, weil die Leute keine Lust zu irgend einer Arbeit „hatten und stets nur, von ihren Rädelsführern aufgewiegelt, „Unruhe stifteten, wurden sie aus dem Einwandererhause aus= „gewiesen."

„Bis dahin hatten sie darin täglich dreimal reichliche Ver= „pflegung bekommen — der Dank dafür waren Excesse aller Art, „Prügeleien unter sich, wobei sich insbesondere wieder der Joseph B. „auszeichnete, der seine wuchtigen Fäuste an einer seiner Lands= „männinen, einer verheiratheten Frau, probirte, so daß die brasil. „Polizei verschiedentlich Ruhe stiften mußte."

„Unter solcher Sachlage sah die kaiserl. brasil. Regierung „wol ein, daß dies faule, aufrührerische Gesindel dem Lande „unmöglich den Nutzen leisten könne, zu welchem Zweck man sie „hatte kommen lassen und — ohne irgend eine Verpflichtung „dazu zu haben — ließ sie sich doch herbei, 117 dieser Personen „nach Deutschland zurückzusenden — hauptsächlich solche, welche „krank an Heimweh und vom Klima leidend, durch Herrn Consul „Herm. Haupt bezeichnet wurden."

„Daß wiederum die zwei Josephe als krank und schwach „vom deutschen Consul der brasil. Regierung aufgegeben wurden, „mag als ein Zeichen dienen, wie gut Herr Herm. Haupt in „seinen Informationen bedient wird."

„Vorstehend ist nur das Resumé der mir von Rio de Ja=

„nairo gemachten Mittheilungen. Was die übrigen Phrasen der „hiesigen Blätter und der „Provinzial-Ztg." in Bremerhaven an- „betrifft, so überlasse ich allen vernünftigen Leuten das Urtheil „über: Versprechungen der Werber — goldene Berge, eignen „Viehstand, Haus und Hof, Unterhalt u. s. w."

„Die kaiserl. brasil. Regierung läßt keinerlei Leute anwerben — „sie gewährt nur den nach Brasilien als Kolonisten Auswandernden „Vergünstigungen und Erleichterungen — zur Bezahlung der „Ueberfahrt und der ersten Ansiedlung, ohne daß diese dafür eine „Verpflichtung einzugehen haben."

„Die Behauptungen der Passagiere der „Polyxena," daß „ihnen bei der Anwerbung (?) so vielerlei und sogar schriftliche „Versprechungen gemacht und daß ihnen diese Schriftstücke sämmt- „lich vor ihrer Abreise von Hamburg wieder abgenommen seien, „werden ebenso übertrieben und erlogen sein, als die Beschreibung „der Sandflöhe — ein Insekt, etwa von der Größe eines Finger- „gliedes, — welches sich zwischen den Fußzehen und unter den „Fingernägeln einnisten soll*)."

„Ich schließe diese Erwiderung ebenfalls, wie die „Bremer „Nachrichten" vom 15. d. M., mit dem Wunsche, daß über die „besprochenen Vorkommnisse eine strenge Untersuchung von Seiten

*) Anmerk. d. Verf. Der Sandfloh, der sich in den Tropen und selbst in Gegenden der gemäßigten Zone Brasiliens vorfindet, ist ein, dem unbewaffneten Auge schwer erkennbares Insekt, das sich vorzugsweise zwischen den Fußzehen und mitunter auch an andern unbedeckten Körpertheilen, wie an den Händen und Fingernägeln, einnistet und bei Vernachlässigung seitens des mit ihm Behafteten große Leiden verursachen kann. Aber nur dem schmutzigen, trägen und sorglosen Menschen kann ein wirkliches Leiden aus dieser, häufig so übertrieben-geschilderten Landplage erwachsen, denn der mit dem Sandfloh Behaftete merkt fast augenblicklich den Ort, an welchem das Insekt sich einnisten will und kann schon nach wenigen Tagen dasselbe und seine Brut mittelst eines Nadelstichs entfernen. — Die Vorsehung scheint durch Erschaffung des unbequemen Insekts vorsorglich auf die so nothwendige Reinhaltung des mensch- lichen Körpers in jenen warmen Gegenden hingewiesen zu haben, denn namentlich ist das tägliche Waschen der Füße, was so häufig unsaubere Einwanderer bei sich und ihren einsichtslosen Kindern verabsäumen, das beste Gesundheitspflege- mittel.

„der kaiserlich deutschen Regierung stattfinde — nur füge ich noch „hinzu, daß nicht, wie bisher einseitig die Untersuchung geführt „werde und sich auf Vernehmungen der Passagiere von „Polyxena" „beschränke, sondern daß auch die bisher nur angeschuldigte kaiserl. „brasil. Regierung zu den Verhandlungen mittelst ihrer Vertreter „in Deutschland zugezogen wird.

Achtungsvoll

H. W. Witte
kaiserl. brasil. Consul.

Bremen, den 22. Mai 1874."

Diese vom Consul abgegebene Erklärung, nach welcher die am 9. Mai in Bremerhaven angekommenen Auswanderer für Rechnung der brasilianischen Regierung und nicht auf Kosten der dortigen deutschen Behörden zurückbefördert worden sind, wie die Weserzeitung in ihrem mitleidserregenden Tone behauptet, wirft ein weiteres Licht auf die geringe Zuverlässigkeit, durch welche sich die Mittheilungen der officiösen Presse in Bezug auf Brasilien charakterisiren; aber auch der weitere Protest des Herrn Witte bezüglich der Conduite vieler Kolonisten stimmt genau mit denjenigen Erklärungen überein, welche viele unpartheiische Augenzeugen — unter ihnen der deutsche Arzt Dr. Steiner und der brasilianische Arzt in Bahia, Dr. Lino Romualdo Teieira, welche beide die Kranken in den Kolonien der Provinz Bahia behandelten und darüber in dem „Diario da Bahia" unter dem 4. April und 25. März d. J. berichteten — der Oeffentlichkeit übergeben haben.

Ueberlassen wir die weitere Lüftung des Schleiers, der heute noch eine richtigere Erkenntniß jener überseeischen Verhältnisse und Zustände mit Gewalt zurückhalten zu wollen scheint, der nächsten Zukunft: die Wahrheit wird endlich auch in dieser Angelegenheit Bahn brechen!

Buchdruckerei von Gustav Schade (Otto Francke) in Berlin.

FSC
www.fsc.org
MIX
Papier | Fördert
gute Waldnutzung
FSC® C083411

Kolibri 360 GmbH
Ferdinand-Jühlke-Straße 7
99095 Erfurt, Deutschland
produktsicherheit@kolibri360.de